Impressum:

ISBN-13: **978-1519471741**
ISBN-10: **1519471742**

© 2015 CreateSpace
Herrn ARSENE HECK
(alias Oliver Heckar)
16, RUE DES BLEUETS
L- 4955 BASCHARAGE / Luxemburg
Tel.: 00352 621169931
E-Mail: coolpix4@hotmail.de

Autor: ARSENE HECK
Lizenz Bilder: ARSENE HECK
Druck: Printed in Germany & USA by Amazon

1. Auflage 2015

Inhaltsverzeichnis

Vorwort

Mega affengeil!!! Es freut mich riesig und macht mich auch etwas stolz, dass Ihr wieder dabei seid. Dies zeigt mir, dass mein erster Ratgeber in Sachen Verkauf (Emotional Selling, so geil kann verkaufen sein) bei euch auf großes Interesse gestoßen ist. Ich gehe davon aus, Ihr wollt mehr! Euer Feedback zu m Buch war phänomenal. Dafür an dieser Stelle, vielen Dank. Basierend auf diesem Erfolg, fühlte ich mich herausgefordert und besonders motiviert, ein weiteres Sachbuch zum Thema emotionales Verkaufen auf den Markt zu bringen.

Selbstverständlich begrüße ich auch recht herzlich all jene, die sich zum ersten Mal ein Buch von mir reinziehen wollen. Keine Angst, es wird nicht wehtun ... nur ein bisschen ... ☺. Selbst Schuld. Ihr habt ja sogar dafür bezahlt. Spaß beiseite, ich werde mein Bestes geben, so, dass Ihr am Ende sagen könnt, diese Investition hat sich gelohnt. Zumindest für den Autor. Und wenn wir schon beim Geld sind, mein Ratgeber „Emotional Selling" ist Pflichtlektüre. Downloaden bei Amazon. Bitte ... Danke ...

Klar, dringende Frage, warum dem ersten Buch EMOTIONAL SELLING jetzt noch ein Zweites folgen lassen? Der Oliver Heckar ist doch nur scharf auf unsere Kohle! Stimmt. Geb ich zu. Aber nicht nur das. Im ersten Ratgeber haben wir die Basics dieser sehr modernen Verkaufsmethode kennengelernt. Schlagfertigkeit, aktives Zuhören, Körpersprache, Storytelling, Empathie und Powerfragen dürften für uns mittlerweile kein Problem mehr sein. Diese 6 Werkzeuge des emotionalen Verkaufens haben wir bis ins Detail trainiert.

In meinem zweiten Buch geht es nun um die Feinheiten beim Verkauf. Wir lernen die verschiedenen Kundentypen kennen, erfahren, was ein Elevator Pitch ist, und wie man ihn ganz individuell für sich zusammenstellt und in der Praxis anwendet. Des weiteren befassen wir uns noch mit einzelnen Spezialtechniken, die zwar bekannt sein dürften, in diesem Buch aber vor allem auf der Basis des emotionalen Verkaufens erklärt werden. Als da wären: die 3-Sekunden-Regel. Das Eisberg-Schema. Die Aida-Formel. In einem sehr lehrreichen Abschnitt werde ich euch erklären, welche Fehler Ihr, unter allen Umständen, während eines Kundengespräches vermeiden müsst. Im letzten Kapitel gibt es dann ein Leckerli für all diejenigen, die es bis dorthin schaffen werden. Spaß dabei werden vor allem jene haben, welche vorher die drei ersten Kapitel gewissenhaft durchgearbeitet haben.

Also nichts wie ran ans Eingemachte. Normalerweise kennt Ihr es ja aus euerem täglichen Berufsleben, Weiterbildung ist angesagt. Betrachtet also meinen zweiten Ratgeber als eine Art Fortbildungskurs. Nennen wir ihn doch einfach: EMOTIONAL-SELLING XXL.

Schwierige Kunden (He ???), starke Konkurrenz (wie bitte?), Druck aus der Chefetage für mehr Umsatz (sollen die es doch besser machen …) vereinfachen den Job des Verkäufers nicht unbedingt. Tagtäglich haben wir mit diesen Dingen zu kämpfen. Ja, Ihr habt richtig gehört. Wir!!!! Ich bin einer von euch. Ein Verkäufer mit Leib und Seele und das seit über 25 Jahren. Ich weiß demnach, worüber ich spreche. Mein Berufsalltag sieht folgendermaßen aus: Kundenakquise / Kundengewinnung, Kundenbindung, Verkauf, Umsatz usw. … Er bedeutet aber auch: Spannende Kundengespräche, Umgang mit netten Menschen, Zufriedenheit im Job, stolz auf korrekt getätigte Verkäufe. (Der Kunde hat sich genau für das Produkt entschieden, was auch am besten zu ihm passt!)

Wie die meisten von euch es mittlerweile gewohnt sind, bin ich nicht der größte Verfechter von theoretischem Wissen. Ohne geht aber leider nicht. Ich bitte euch, die Infos welche Ihr in dem vorliegenden Ratgeber bekommt, nicht auswendig zu lernen. Auf lange Sicht bringt das nichts. Versucht lieber alle Themen im Detail zu verstehen, um diese dann, nach und nach, in die Praxis umzusetzen. Marschiert nicht zu schnell drauf los. Dann lieber schon „Step by step" vorgehen. Was euch übrigens im Laufe der Zeit entgegenkommen wird, da Ihr euch Schritt für Schritt die wichtigsten Elemente besser merken werdet. Glück für euch, denn durch tägliche Praxis des Gelernten, entstehen langsam aber sicher Automatismen, die bloßes Auswendiglernen mehr als ersetzen werden.

Diejenigen, die bereits Bücher von mir gelesen haben, wissen um mein, vorsichtig ausgedrückt, loses Mundwerk. Meine Sprache, in der ich euch liebe Leser und Leserinnen anspreche, klingt heftig, frech, sogar etwas überheblich und meistens dann doch, so hoffe ich zumindest, sehr persönlich und ist mit viel Humor verbunden. Dies ist kein Zufall. Ich mache das natürlich sehr bewusst. Jeder, der gut aufgepasst hat, wird bemerkt haben, dass unser Schlüsselthema in diesem Ratgeber das EMOTIONAL SELLING ist. Hallo, klingelt's? EMOTIONAL. Ich will, und das sehr gezielt, Emotionen bei euch wecken. Ihr sollt dieses Buch gerne und mit viel Spaß an der Freud lesen. Nur Theorie und langweiliges Rumeiern ist für die anderen. Wir wissen, der Erfolg im Verkauf ist in unserer Zeit nur über den Weg emotionaler Kundengespräche möglich. Meine Hand drauf.

Genug gelabert. Lasst uns loslegen. Alle bereit??? Frolic (he? ... siehe ersten Ratgeber ... ☺ ☺ ☺ ...) bereits gekauft??? Supi ... Licht an ... Spot aus ...

EMOTIONAL SELLING XXL ...

Wer aufgehört hat besser werden zu wollen, hat aufgehört gut zu sein!

1. Kapitel

Die verschiedenen Kundentypen.

Eines steht ja bekanntlich fest. Menschen sind verschieden. Wir alle
ticken, jeder für sich, irgendwie anders. Und dies ist auch gut so. Wäre
doch stink langweilig, wenn alle das Gleiche mögen würden. Wenn
alle denselben Geschmack hätten. Wenn alle gleich aussehen würden.
Wenn alle gleich denken und handeln würden. Grauenvoll. Und doch
gibt es sie. Schnittpunkte, Gemeinsamkeiten, Übereinstimmungen.

Erkennungsmerkmale, die es uns ermöglichen, verschiedene
Menschentypen in manchen Lebenslagen in gleich geartete Gruppen
einzuteilen. Auch im Verkauf ist dies der Fall. Beispiele gefällig? Wer
kennt ihn nicht, den Nörgler. Er meckert ständig an allem rum. Wirkt
unzufrieden. Hat immer etwas zu bemängeln. Er scheint mit sich und
der Welt unzufrieden. Oder nehmen wir den Unentschlossenen. Er tut
sich schwer, eine Entscheidung zu treffen. Ständig hinterfragt er alles
und sich selbst. Wägt ab. Soll ich, oder soll ich doch lieber nicht? Ein
anderer Kundentyp ist der Schüchterne. Unsicheres Auftreten. Traut
sich kaum Fragen zu stellen. Wirkt irgendwie nervös. Schaut sich
lieber alles ganz alleine an.

Ihr seht, man kann in der Tat am Verhalten des Kunden erkennen, welche Charaktereigenschaften sich auf sein Kaufverhalten auswirken können. Seit es Marktanalysen gibt, haben die Verkaufspsychologen versucht, alle Käufer, ob Männlein oder Weiblein, in verschiedene Kundentypen einzuteilen. Es ergaben sich 10 verschiedene Gruppen. Glaub mir auch Du, ja genau Du der diese Zeilen ließt, gehörst auch einer dieser Gruppen an. Spätestens am Ende dieses Kapitels wirst Du es herausgefunden haben. (Wenn nicht, schmeiß meinen Ratgeber weg, oder besser für die Umwelt, verschenke ihn, und hol Dir ne Packung Frolic… ☺).

Es ist enorm wichtig, diese Unterschiede gleich zu Beginn eines Kundengespräches zu erkennen. Tut der Verkäufer dies, kann er sich viel besser auf den Kunden einstellen. Noch einmal, und ich wiederhole mich gerne, wir sind beim Emotional Selling und nicht beim Kaffeekränzchen. Emotionales Verkaufen ist angesagt. Logisch, dabei spielen immer Emotionen eine entscheidende Rolle. Ob diese nun positiver oder negativer Natur sind, ist zunächst nur von zweitrangiger Natur. Jeder Kundentyp spricht eine andere Körpersprache. Auch verbal, also wie er redet, ist von Typ zu Typ verschieden. Wenn man sein Augenwerk auf diese beiden Punkte richtet, wird man die Emotionen zwangsläufig entdecken. Anders formuliert, wenn man im Vornherein weiß, wie sein Gegenüber in etwa tickt, ist man vorbereitet, und kann dementsprechend schnell reagieren. Um die feinen Unterschiede der einzelnen Kundentypen richtig zu deuten, bedienen wir uns langerprobter und bewährter Techniken.

Vielleicht hat so mancher von euch das Handwerk des Verkäufers in Theorie (Berufsschule) und Praxis erlernt. Liegt vielleicht schon etwas zurück. Egal. Ich bin mir sicher, Ihr seid den 10 verschiedenen Kundentypen wenigstens in der Theorie schon einmal begegnet. Ich habe an der Klassifizierung nichts verändert. In der Ausbildung wird zwar meistens beschrieben, wie man eventuell die verschiedenen Typen erkennt, jedoch selten, wie man darauf zu reagieren hat. Genau dieses Thema werden wir in diesem Kapitel eingehend studieren. Und nicht nur das, wir werden lernen, wie emotionale Verkäufer, sobald sie den Kundentypen ausgemacht haben, sich auf diesen und seine ganz individuellen Bedürfnisse einstellen.

Demnach wartet ein schönes Stück Arbeit auf euch. Zum einen gilt es die verschiedenen Kundentypen kennen und unterscheiden zu lernen, zum anderen, sich das Wissen anzueignen, von Fall zu Fall richtig agieren zu können. Noch einmal meine Bitte lernt das nun Folgende nicht auswendig. Das bringt nichts. Nehmt euch zunächst einen Kundentyp vor, studiert ihn, und versucht euch zu verinnerlichen, wie Ihr ihm in der täglichen Praxis begegnen müsst. Habt Ihr einen Typus intus, versucht euch am nächsten. Ist auch der durchstudiert, ruft Ihr euch noch einmal den Ersten in Erinnerung. Immer das gleiche Schema: Was sind die charakteristischen Eigenheiten des Kunden? Wie gehe ich, auf Grund dieser, weiter vor?

*__Das Erkennen und richtig Reagieren auf den einzelnen Kundentyp
ist der Schlüssel, welcher die Tür zu einem erfolgreichen
Verkaufsgespräch öffnet.__*

*Eine kleine Bemerkung zwischendurch: Begriffe wie Besserwisser-
Typ, Nörgler-Typ, Ja-Sager-Typ oder der schüchterne Kundentyp sind
nicht negativ oder abwertend gemeint. Es handelt sich hier nur um
Begriffe, die es uns ermöglichen, Kunden in verschiedene Gruppen zu
unterteilen. Wir alle sind Menschen. Wir alle sind Kunden. Lediglich
ein bestimmter „Tick „ unterscheidet den einen Typus von dem
anderen. Vergesst nicht was ich euch mit auf den Weg gegeben habe:
Jeder von uns hat einen Tick, auch wenn die meisten es nicht zugeben
wollen. Deshalb wird sich jeder, notgedrungen, in einem unserer
Kundentypen wiederfinden.*

Wir werden lernen wie wir unseren verschiedenen Kundentypen
durchschauen, und wie wir, wenn wir ihnen begegnen, auf sie
reagieren müssen. Eure Aufgabe wird sein, euch möglichst viele
Ansatzpunkte sowohl bei der Erkennung wie auch bei der Reaktion zu
merken. Ich hätte es mir und euch leicht machen können, und nur eine
schlichte Aufzählung aller markanter Punkte vornehmen brauchen.
Dies ist der Sache jedoch nicht dienlich. Ihr dürft oder solltet euch
sogar in der Lernphase einen solchen Spickzettel zusammenzimmern.
Im Laufe der Zeit, und damit meine ich die tägliche Verkaufspraxis,
werdet ihr euch nach und nach, wie von selbst all diese Informationen

so aneignen, dass sie ins Blut übergehen. Denn das müssen sie. Texte, die man bloß auswendig lernt, vergisst man irgendwann. Dinge, die man sich beibringt und antrainiert, wie beispielsweise Fahrradfahren, Schwimmen oder Autofahren verlernt man ein Leben lang nicht.

Meine lieben Emotional Sellers, und die, die es noch werden wollen, Action ist angesagt. Vergesst nicht, regelmäßig dieses Kapitel immer wieder durchzunehmen. Ich bin sicher, auch beim hundertsten Male werdet Ihr noch auf wichtige Hinweise zwischen den Zeilen stoßen. Also rann an die Bouletten. Aufgepasst!!! Wer sich dieses Kapitel nur einige Male durchliest, wird die Feinheiten nicht erkennen. Er ist zum Scheitern verurteilt. Nur wer mit voller Konzentration und viel Training zur Sache geht, wird am Ende den Schlüssel finden. Zu denjenigen, die mit einer all zu laschen und müden Einstellung an die Sache rangehen, muss ich leider sagen: „ Braver Hund, fein machst Du das. Such den Schlüssel, such … Wenn Du ihn findest, gibt es Frolic… ☹ … ☺.“

In diesem Sinne, viel Spaß beim Lernen. Ich bin mir sicher, Ihr schafft das. Zeigt es diesem Angeber von Oliver Heckar. Was der kann, könnt Ihr doch längst … Kann aber nie schaden noch etwas dazu zu lernen...

1. Der Besserwisser

Beginnen wollen wir mit dem Besserwisser-Typ. Visuell erkennen wir
ihn an seinem Auftreten. Er wirkt energisch und zielstrebig.
Auffallend fester Händedruck. Augenbrauen hochgezogen. Die Augen
meist groß geöffnet. Er hat eine offene Körperhaltung und einen
aufrechten Gang.

Der Besserwisser-Typ spricht sein Gegenüber immer mit dem Namen
an, sofern er diesen kennt. Er verfügt über ein großes Ego, das er gern
nach außen kehrt. Dieser Kundentyp scheint über jedes Detail genau
Bescheid zu wissen. Gerne fällt er einem ins Wort. Trotz allem legt er
viel Wert darauf, beraten zu werden. Stellt meistens ausschließlich
offene Fragen.

Was können wir aus all diesen wissenschaftlich erwiesenen
Informationen über diesen Kundentypen schließen? Mithilfe welchen

Schlüssels gelingt es uns, den Besserwisser-Typ in ein für ihn, aber auch für uns, optimales und dann auch erfolgreiches Kundengespräch einzubeziehen? Kurz, wie agieren wir hier am besten?

Zunächst einmal bleiben wir gelassen. Keine Panik auf der Titanic. Wir antworten ruhig aber sehr präzise all seine Fragen. Dies tun wir mit möglichst kurzen knackigen Antworten. Dabei vergessen wir nicht, ab und zu seine Kompetenz zu betonen. (Die er bestimmt auch hat!) <u>In dem Moment, wo wir das tun, gerät das Gespräch in eine Phase, wo der Besserwisser langsam beginnt, sich das gewünschte Produkt selbst zu verkaufen.</u> Wir profitieren davon und dürfen ruhig einmal selbst diesem Kundentypen Fragen stellen. Das steigert sein Ego ungemein, und er wird versuchen den Fachmann heraushängen zu lassen.

Vermeiden sollten wir in jedem Fall Belehrungen aller Art. Dies erzeugt eine negative Stimmung, und die ist für ein Kundengespräch meistens tödlich. Besser wäre, ihn auf diplomatische Weise von seinem Unrecht zu überzeugen. Es ist unsere Pflicht, den Kunden nach bestem Wissen und Gewissen zu beraten! Wir klären Zweifel, Missverständnisse, Unwissenheit usw. des Kunden immer auf, selbst mit dem Risiko einmal dadurch ein Geschäft zu verlieren. Denkt daran, wir sind keine Hardseller- und One-Shot-Jäger. Für uns zählt nur ein zufriedener Kunde, und das längerfristig.

Der Besserwissertyp verfügt über eine gute Allgemeinbildung. Dieser Tatbestand eröffnet uns so einige Möglichkeiten, das Gespräch auf eine andere Ebene zu heben. Hier kann man über allgemeine Dinge reden, auch Privates. Möglicherweise entdeckt man dabei Themengebiete, die von Nutzen sein könnten, diesen Kunden noch besser kennenzulernen. Unser Spürhund sucht nach Ansatzpunkten für ein emotionales Gespräch. Das wiederum würde uns helfen, das für ihn maßgeschneiderte Produkt zu finden.

> *Wenn aus dem Verkauf eine Begegnung zwischen Kunde und Verkäufer wird, sind beide zufrieden.*
> *(Alfred Rademacher)*

2. Der Misstrauische

Diesen Kundentypen erkennt man am besten an seiner Körpersprache. Er hält stets etwas Distanz und mustert sein Gegenüber von oben bis unten. (Blickrichtung seiner Augen!) Adlerauge sieht alles! Gerne neigt er seinen Kopf etwas zur Seite. Er wirkt sehr aufmerksam. Nichts scheint ihm zu entgehen. Der „Misstrauische" nimmt zunächst eine etwas abwartende Haltung ein. Er inspiziert seine nähere Umgebung. Wenn er schlussendlich eine Frage stellt, handelt es sich dabei immer um geschlossene Fragen. (Nur Ja und Nein Antworten sind möglich.) Wenn er dagegen seine eigene Meinung hervorbringt, verwendet er häufig Sätze wie: „Meiner Meinung nach …".

Bei dieser Kundengattung halten wir uns strikt an die Devise: Niemals den Kunden unterbrechen. Immer ausreden lassen. Ideal wäre es, etwas anzuwenden, das wir in meinem ersten Buch gelernt haben: AKTIVES ZUHÖREN! Wir verbalisieren (Wenn ich Sie richtig verstehe, waren Sie wütend weil …), fragen nach (Habe ich Sie richtig verstanden, Sie wollen …) oder paraphrasieren (Den vom Kunden ausgesprochenen Satz, sinngemäß in etwas umgeänderter Form wiederholen.) Alle Punkte, die diesen Kunden misstrauisch stimmen könnten, müssen absolut vermieden werden. Besser noch, wir versuchen diese sofort aus dem Weg zu räumen. Dieser Kundentyp erwartet vom Verkäufer Detailgenauigkeit. Auch technische Fachausdrücke tun ihm nicht sonderlich weh. Im Gegenteil, denn er möchte sich seiner Sache sicher sein, dass die Person welche ihm etwas verkauft, auch genau weiß, wovon er spricht. Er liebt Fachkompetenz. Ihn aber bitte nicht damit zuschütten. Seine Riposte ist meist sehr kritisch. Er bemerkt sofort, wenn seine Einwände nicht ernst genommen werden. Seid demnach auf der Hut bei Nebensätzen. Hier dürfen sich keine Unklarheiten verstecken. Seine Fragen beantworten wir in betont ruhigem Ton und wohl überlegt. Grund: Dieser Kundentyp legt jedes gesprochene Wort auf die Goldwaage. Vor allem bei „Powerfragen" und „Hammersätzen" ist Feingefühl gefragt. Benutzen sollten wir diese Techniken aber trotzdem, gilt es doch den „Misstrauischen" aus seiner Komfortzone heraus zu holen, um eben dieses Misstrauen zu brechen.

> *Service heißt, das ganze Geschäft mit*
> *den Augen des Kunden zu sehen.*
> *(Axel Haitzer)*

3. Der Schüchterne

Ihn zu detektieren ist meistens ein einfaches Unterfangen. Er benutzt einen sehr weichen Händedruck und vermeidet es, den Verkäufer beim Namen zu nennen. (Namensschild, Visitenkarte usw. ...) Seine Hände verstaut er gerne in den Taschen. Auch der direkte Blickkontakt ist nicht so seine Sache. In all seinen Bewegungen dominiert Unsicherheit, gar etwas Nervosität. Besondere Merkmale: Verstohlene Blicke, nervöses Verlagern des Körpers von einem Bein aufs andere, beim Sprechen erhebt er zwischendurch manchmal die Stimme, um dann wieder in einen eher monotonen Sprachrhythmus zu gleiten. Dieser Kundentyp stellt nur wenige Fragen. Er hört bei unseren Antworten jedoch genau zu.

Dem „Schüchternen" gegenüber sollten wir besonders höflich gegenübertreten. Dies verleiht ihm sofort die nötige Sicherheit. Am Beginn des Gespräches sind in diesem Falle Powerfragen und Hammersätze fehl am Platze. Es gilt, beruhigend auf den Kunden einzuwirken. Direkte sowie persönliche Fragen an ihn sind ein „No Go". Wenn wir es langsam angehen lassen, teilt er uns recht schnell mit, was ihn interessiert. Dieser Kundentyp steht besonders auf

Garantieleistungen und Produktreferenzen. (Viele meiner Kunden haben auch schon dieses Produkt gekauft, und sind sehr zufrieden damit! – Zurzeit das beliebteste Produkt auf dem Markt!) Es gilt, einfach nur Vertrauen aufzubauen. Dabei helfen auch Sätze wie, „Ich garantiere Ihnen …" – „Ich verspreche Ihnen …" – „Dieses Produkt hat sich schon unglaublich oft bewährt." – „Meine Kunden lieben dieses Teil." – „Ein Verkaufsschlager." - „Nicht umsonst geben wir hierauf … Jahre Garantie." – „Sehr viele Kunden schwören drauf."

Der „Schüchterne" orientiert sich ausnahmslos an der Meinung von größeren Gruppen. Wenn alle das gut finden, muss es auch gut sein. Er urteilt nie rein technisch bezogen auf das Produkt, sondern schließt sich bevorzugt der Masse an. (Die haben das alles ja bereits gecheckt, dann passt das schon …)

4. Der Nörgler

Natürlich ist er der geborene „Meckerheini". Preis zu hoch – Falsche Farbe – Nicht robust genug – Kommt bestimmt aus China usw. ... Dieser Kunde wirkt nervös und etwas aufdringlich. Seine Körperhaltung ist offensiv. Er stellt meist ein Bein vor das andere. Gekreuzte Arme vor dem Körper zeugen fälschlicherweise von einer geschlossenen Haltung. Er will damit signalisieren: Mach mal, und überzeug mich. Beim Sprechen liebt er es, zu provozieren. Er legt es gerne darauf an, und seih es auch nur um den Verkäufer einzuschüchtern, und sich in eine bessere Position zu bringen. Deshalb auch sein nervöses Gehabe. Vor allem aber sucht er die Diskussion. Bevorzugte Taktik: Den Verkäufer aus der Reserve locken, um dann sehr genau dessen Reaktion zu beobachten.

Diesem Kundentypen widersprechen wir nie. Wir bleiben auch hier zunächst betont ruhig und lassen uns zu keinem Moment provozieren. Der Kunde hat eine genaue Vorstellung was er will, also soll er uns seine Wünsche vorbringen, und wir hören aufmerksam zu. <u>Unsere Trumpfkarte ist in diesem Falle, unsere Sachkenntnisse.</u> Mit ihr können wir punkten, und unseren „Nörgler" entwaffnen. Und genau da liegt unser Ansatzpunkt. Fühlen wir, dass dem Nörgler langsam die Munition ausgeht, nehmen wir ihn sprichwörtlich bei der Hand, und demonstrieren ihm, wie wir gemeinsam seine Wünsche erfüllen können. Er muss unsere Bereitschaft, dies zu tun, erkennen können. Von uns wird viel Geduld verlangt. Fingerspitzengefühl und Gelassenheit sind Trumpf. Geheimtipp: Nicht vergessen, auch andere Produkte aus der Palette anzubieten. Ist der Nörgler nämlich einmal „geknackt", eignet er sich durchaus für das Cross-Selling. (Nach dem Verkauf eines Produktes, auch noch andere anbieten.)

> *Worte sind die mächtigste Droge,*
> *welche die Menschheit benutzt.*
> *(Rudyart Kipling)*

5. Der Feilscher

Dieser Typus ist zunächst etwas schwer auszumachen. Dies liegt daran, dass der eine zunächst etwas zurückhaltend auftritt, ein anderer aber sehr selbstbewusst daherkommt. Natürlich erkennt man ihn spätestens daran, dass er im Grund nur ein Ziel verfolgt, und zwar den Preis zu drücken. Alles andere ist für ihn zweitrangig. Nach außen hin fällt auf, dass er vordergründig nach Preisschildern sucht. Hat er das Objekt seiner Begierde in der Hand, wird es gedreht und gewendet, um herauszufinden, welches der Verkaufspreis wohl ist. Wenn er Produkte vergleicht, so steht auch hier immer der Preis im Vordergrund. Er bringt dem Verkäufer nur wenig Empathie entgegen. Einer eventuellen Begleitperson gegenüber tritt er wie ein Besserwisser auf.: „Das gleiche Produkt hab ich da und da billiger gesehen!" – „Im Internet krieg ich das Ding zum halben Preis!" - „Hier wird einem aber nichts geschenkt!"

Hier gilt es, von Anfang an abzublocken. Preisnachlass nur gegen den Beweis, dass das gleiche Produkt bei der Konkurrenz billiger ist. Wir demonstrieren gekonnt, dass unser Preis aus dem und dem Grund absolut gerechtfertigt ist. Superidee ist immer, diesem Kundentypen zu erklären, dass wir eine sehr enge Preiskalkulation verfolgen, die nur wenig Spielraum zum Verhandeln lässt. Taktik: Der Preis ist bereits reduziert. / Der Preis ist gerechtfertigt, weil er dies und das miteinbezieht. / Die Nachfrage ist besonders groß. / Limitierte Auflage.

Wenn wir diesen Kundentypen mit unserer Vorgehensweise überzeugen können, wird er sein Verhalten um 180° ändern. Genau an diesem Punkt angekommen, gilt es, nun die Vorteile unseres Produktes in den Vordergrund zu stellen. Dies führt unweigerlich dazu, dass der Preis nicht mehr das Hauptthema ist. Der Feilscher wird auf kurz oder lang einsehen, dass unser Produkt dem Preisvorschlag angepasst ist. Eine Möglichkeit wäre es, die „Sandwich-Methode" anzuwenden. Für alle, denen diese Verkaufstechnik nicht geläufig ist, in meinem ersten Ratgeber habe ich sie euch bereits erklärt. Bitte nachschlagen. Danke.

6. Der Unentschlossene

Körpersprache lesen ist angesagt. Dieser Kundentypus verrät sich durch sein Auftreten. Er legt beispielsweise öfters die Hand ans Kinn. Auch ein häufiges Reiben der Wangen fällt auf. Trägt er eine Brille, rückt er diese ständig zurecht. Kratzen am Arm oder im Nacken verraten ihn. Ist er Bartträger, fährt er sich des Öfteren durch den selbigen. Seinen Kopf bewegt er ständig hin und her, so als würde er etwas abwägen. Andauerndes Antippen der Nase oder zupfen an den Ohrläppchen sind weitere Merkmale.

Wenn er spricht, kann man ihn auch relativ schnell von anderen Kundentypen unterscheiden. Er wiederholt auffallend oft Fragen, die er kurz zuvor schon in ähnlicher Form gestellt hat. Zwei markante Aussagen seinerseits, die immer wieder vorkommen: „Meinen Sie wirklich, dass …" – „Ich weiß nicht recht."

Dieser Kunde bittet uns förmlich um Hilfe. Also helfen wir ihm. Dies tun wir, indem wir „einfach" bleiben. Keine Fachausdrücke, kein technisches Schnickschnack. Besser, Zahlenvergleiche und

Referenzen. Eine Herangehensweise ist das Story Telling. Genau. Wir müssen in Bildern zu diesem Kunden sprechen. <u>Eine kurze knackige Geschichte zum Produkt, so wie das Leben sie schreibt, öffnet alle Türen.</u> Nun sieht dieser Käufer viel klarer. Er kann das Produkt besser verstehen. Zudem bauen wir vertrauen auf. Ein nicht zu unterschätzender Faktor. Er könnte für so manchen „Unentschlossenen" im Endeffekt entscheidend sein. Aus diesem Grunde sind folgende Aussagen unsererseits durchaus angebracht: „Dies erscheint mir die beste Lösung für Sie zu sein!" – „Ich bin mir sicher, Ihre Entscheidung war genau richtig!" Usw. … Dieser Kundentyp erhält durch eben solche Bemerkungen die Bestätigung, dass er im Prinzip mit uns gemeinsam das für ihn einzig richtige Produkt ausgewählt hat.

> *Nicht vom Kaufen lernst Du,*
> *sondern vom Verkaufen ...*
> *(russisches Sprichwort).*

7. Der Fragensteller

Fragen ohne Ende. Dieser Kundentyp ist penetrant wissbegierig und äußerst aufdringlich. Manchmal ist er sogar mit Kugelschreiber und Notizblock „bewaffnet". Für ihn spielt das Preis-Leistungs-Verhältnis eine Hauptrolle. Er macht stets den Eindruck, besonders gut informiert zu sein. Vom Menschentypus her ist er eher als rational einzustufen. Emotionen sind nicht unbedingt sein Ding. Achtung! Kaufen ist für diese Menschen zunächst nicht das vordergründige Ziel. Wenn alles passt, dann ja. Ist dem nicht so, dann eben nicht. Vorsicht! Dieser Kundentyp hat das Produkt schon im Vorfeld eingehend studiert. (Internet ... Google, usw. ...)

Nachdem wir dies alles ausgemacht haben, treten wir besonders freundlich auf. Alle Fragen des Kunden sollten möglichst präzise beantwortet werden. Wir geben ihm zu verstehen, ok unsere konkurrierenden Produkte sind gut, aber da und da heben wir uns doch, für jeden klar ersichtlich, etwas ab. Unser primäres Ziel ist es, diesen Kunden mit in unser Boot zu bekommen. Gelingen wird uns dieses, indem wir Kompetenz zeigen. Wir dürfen uns auch nicht zu

Schade sein, ihn für seine gestellten Fragen zu loben. Man darf, und sollte sogar, ab und zu, eine Frage mit einer Gegenfrage beantworten. Eine solche Strategie wirkt oft entwaffnend. Auch cool: Wenn wir bemerken, dass dieser Kunde sich in allen Bereichen rund um das Produkt gut auskennt, ihm eine Frage stellen, die trotz aller Vorkenntnisse unmöglich zu beantworten ist. Wir selbst dagegen beantworten die von uns gestellte Frage souverän.

8. Der Ja-Sager

Auf den ersten Blick, ein unkomplizierter Kundentyp. Aber, eben nur auf den ersten Blick. Zunächst wirkt er nach außen hin schlichtweg desinteressiert. Kuckt sich um, verhält sich unauffällig und sehr zurückhaltend. Dieser Kunde ist, vom Naturell her, eher schweigsam. Seine Körperhaltung ist geschlossen. Zwar ein aufmerksamer Blick, Arme jedoch vor dem Körper verschränkt. Er tut sich schwer bei jeder Kontaktaufnahme.

Kunst ist es, den Ja-Sager schnell zu erkennen. Tun wir das, hat er absoluten Vorrang. Er neigt dazu, den Verkäufer schon im Ansatz zu unterbrechen. Wir lassen dies gerne geschehen. Ihn selbst aber dürfen wir keinesfalls unterbrechen. <u>Für jeden Verkäufer, der es mit einem Ja-Sager-Typen zu tun hat, besteht die Herausforderung darin, diesen Kunden aus der Reserve zu locken.</u> Allzu viele Chancen dazu bekommt man nicht. Deshalb gleich die Erste beim Schopfe fassen. Gute Fragen um ins Gespräch zu kommen wären: „Was ist denn besonders wichtig für Sie?"- „Auf was legen Sie besonderen Wert?" – „Worauf liegt Ihr Hauptinteresse?" – „Was zählt für Sie am meisten?"

Dem Ja-Sager müssen wir immer besonders viel Zeit einräumen beim Beantworten von Fragen unsererseits. Geschlossene Fragen unter keinen Umständen anwenden, ansonsten verläuft das Kundengespräch im Sande. Dagegen ist dies der optimale Kundentyp, um die 3-Sekunden-Regel anzuwenden. (Schweigt der Verkäufer 3 Sekunden, meldet sich ziemlich sicher der Kunde zu Wort.) Dies bedeutet, er bezeugt Interesse am Produkt oder an unseren Ausführungen. Hauptsache er meldet sich, was für uns ein Freispiel bedeutet. Durch das Unterbrechen der Schweigephase schiebt er uns den Ball zu, mit dem Hintergedanken, dass wir etwas Vernünftiges mit demselben tun. Er will das Gespräch am Laufen halten. Besser geht nicht. Vorsicht bei dem Ja-Sager: Auch wenn dieser Kunde ständig zu allem Ja und Amen sagt, bedeutet das längst noch nicht, dass er zum Kauf entschlossen ist. Deshalb nicht vergessen, dieses „Ja" immer wieder zu hinterfragen.

9.) Der Schwätzer

An und für sich, ein dankbarer Kunde. Er hat nämlich keine Berührungsängste. In erkennt man, dank seiner Extrovertiertheit, sofort. Er ist offen, sowohl verbal als auch in seiner Körperhaltung. *(An dieser Stelle will ich noch einmal betonen, dass, wie in dieser Kategorie der Ausdruck „Schwätzer" keine negative Einschätzung oder Einstufung irgendwelcher Art ist. Auch hier gilt, wir wollen uns Eigenschaften verschiedener Kunden besonders gut merken. Dass der Schwätzer viel spricht, ist unser Merkmal und auch der Grund, ihn deshalb so zu titulieren. Er ist aber bestimmt ein ganz feiner, netter Kerl, der es halt liebt, sich mit anderen Menschen zu unterhalten. Punkt! Einverstanden, Ihr habt mich durchschaut. Ich gebe es zu. Oliver Heckar passt zu diesem Kundentypen wie die Faust aufs Auge. Sollte ich irgendwann einmal euer Kunde sein ..., wisst Ihr, was zu tun ist ... ☺)* Diesem Kunden fällt es nicht schwer, auf den Verkäufer zuzugehen. Im Gegenteil. Er sucht den direkten Kontakt. Fester Händedruck und „Smiley" im Gesicht sind sein Markenzeichen. Wirkt auf den ersten Blick leicht zappelig aber selten unsympathisch. Er untermalt das Gesagte oft mit Gesten. Bei diesem Kunden gilt es den passenden Augenblick abzuwarten, um den Einstieg ins Gespräch zu bekommen. Dieser Kundentyp schweift oft vom eigentlichen Gesprächsthema ab. Spricht auch mal gerne private Dinge an.

Was tun? Zunächst einmal reden lassen. Wir wissen ja, dabei fühlt sich dieser Kunde am wohlsten. Durch Kopfnicken und vorsichtiges Verbalisieren geben wir ihm zu erkennen, dass wir aktiv zuhören. Eine kleine Redepause seinerseits ist unser Einstieg. Das wiederum müssen wir konsequent durchziehen. Wir bleiben dabei betont freundlich, lassen ihn aber kurze Zeit nicht zu Wort kommen. Gezielt und wohl vorbereitet zünden wir unseren Elevator Pitch. (Im nächsten Kapitel dieses Ratgebers zeige ich euch, wie man einen solchen in Perfektion vorbereitet und einsetzt. In kurzer Zeit, mit wenigen Worten, uns und unser Produkt auf emotionale Weise vorstellen!) Wenn er das Wort ergreift, kann man den Satz, „Ich bin absolut Ihrer Meinung!" mal einstreuen. Aber dann bitte nicht wiederholen. Dieser Kunde mag es zwar, Zustimmung zu bekommen, es sollte aber in kleinen Mengen erfolgen, ansonsten sich unser Gespräch im Nichts verlieren wird. Während der gesamten Unterhaltung immer darauf achten, dass unser Produkt nicht total ins Abseits gerät. Mit Hilfe von Schlagwörtern und kurzen Hammersätzen sollte uns das problemlos gelingen.

> *Ein guter Verkäufer ist ein guter Berater, der stets den Vorteil des Kunden im Auge hat, ohne dabei zu vergessen, dass auch das eigene Unternehmen überleben muss.*
>
> *(Max Putzler)*

10. Der Eilige

Dieser Kunde ist eine besonders harte Nuss. Er verlangt uns einiges ab. Schuld daran ist alleine sein Zeitdruck. Er ist ständig in Eile. An uns, kurz und knackig zu Werke zu gehen. Demnach, Stress für beide Seiten. Erkennen können wir den Eiligen recht einfach. Er wirkt nervös und gehetzt. Seine Gesten (Hände) sind hektisch und unkontrolliert. Er hat alle Anzeichen von Stress. Schaut ständig auf seine Uhr. Kratzt sich häufig am Ohr. Fährt sich von Zeit zu Zeit mit der Hand durchs Haar (oder gegebenenfalls über die Glatze … ☺). Trippelt von einem Fuß auf den anderen. Verbal gibt er uns unmissverständlich zu verstehen, dass er nicht viel Zeit hat. Und doch braucht er unser Produkt, sonst wäre er ja bestimmt erst gar nicht gekommen.

Unser erstes Anliegen wird sein, dem Kunden verstehen zu geben, dass wir seinen Zeitdruck respektieren. Wir bleiben trotz allem ruhig. Zusätzliche Nervosität von uns ins Spiel gebracht, ist wenig förderlich. Unsere Sprache ist klar, unsere Sätze kurz aber sehr präzise. Auch hier dürfen wir uns und sollen es sogar, dem Elevator Pitch bedienen. Er ist der magische Schlüssel zum Erfolg. Wir stellen demnach, in kurzer Form, nur die wichtigsten Infos zum Produkt, unserer Person, oder unseres Unternehmens vor. Dabei eines nicht vergessen: Das Hervorheben unserer besten Verkaufsargumente!

„Es gilt jetzt zuzugreifen, demnächst schnellen die Preise für dieses Produkt in die Höhe." – „Keine Zeit verlieren, die Nachfrage ist augenblicklich enorm hoch. Lange Lieferzeiten sind die Folge." – „Es handelt sich um Einzelstücke. Es gibt vieler Liebhaber für dieses Produkt." „Idealer Moment für den Kauf. Preisnachlass … %. Gilt übrigens nur noch heute." - „Exzellentes Preis-Leistungs-Verhältnis."

2. Kapitel

1. Entstehung und Bedeutung

Zu seiner Entstehung: Es muss wohl Anfang der 1980- Jahre gewesen
sein, als ein paar besonders ehrgeizige Berufsneulinge in New-York
auf die Idee kamen, sich eine spezielle Strategie zu überlegen, wie
man bei den Vorgesetzten Aufmerksamkeit erlangen konnte.
Bekanntermaßen ist es für Neueinsteiger enorm schwer, bei den
gestressten Chefs, wo jede Minute verplant ist, sich Gehör zu
verschaffen. Der Plan war: Erstens, sich seine Zielperson, in diesem
Falle der Chef oder Abteilungsleiter, aussuchen. Zweitens, sich im

Voraus genau überlegen, was und wie man in möglichst kurzer Zeit sein Anliegen vorbringt. Drittens, diesen Text aufs Wort auswendig lernen. Zur Ausführung des Plans bleiben einem genau 30 Sekunden. Kurz, knackig, zielbewusst lautete die Devise. Warum nur 30 Sekunden? Ganz einfach. Der Ort, an dem dieses Unterfangen stattfinden sollte, war ein Fahrstuhl. Das Gespräch musste sofort im Erdgeschoss beginnen, da der Fahrstuhl nach exakt 30 Sekunden auf der Chefetage anhielt. Oben angekommen sollte die „Message" rübergebracht, und ein Ergebnis erzielt worden sein.

In der Folgezeit haben Verkaufsprofis diese Strategie in eine Art „Verkaufstaktik" umgewandelt. Dabei waren nicht mehr Chef, Abteilungsleiter und Berufslehrling die Hauptakteure, sondern Verkäufer und Kunde.

Zugegeben, es handelt sich um eine etwas schwierigere Verkaufstechnik. Richtig angewandt ist sie aber, erwiesenermaßen, enorm erfolgreich. Ein Grund mehr, dass sich irgendwann im Laufe der Zeit auch die Emotional Sellers für sie interessierten. Schließlich befinden wir uns hier auf sehr emotionalem Gebiet. Unsere Hammersätze kommen beim Elevator Pitch voll zum Tragen.

Ihr versteht demnach, dass es für mich eine Pflicht ist, euch mit diesem Werkzeug bekannt zu machen. OK, das Prinzip sollte klar sein. Die Herausforderung besteht darin, selbst kreativ zu sein. Fantasie ist gefragt. Das technische Rüstzeug werde ich versuchen, euch zu vermitteln. Danach seid Ihr dran. Die Aufgabe wird lauten: Wie bastele ich mir meinen ganz persönlichen Elevator Pitch? Macht mich stolz, ich zähl auf euch. Viel Vergnügen dabei …

2. Prinzip und Aufbau

Der Elevator Pitch benötigt im Vorfeld eine gründliche Planung. Im eigentlichen Sinne basiert er auf folgender Zauberformel:

$$EP = (W + W + W) : W$$

Sieht geil aus was? Den Mathefuzzis unter euch geht jetzt bestimmt einer ab … ☺ Spaß beiseite, Aufklärung folgt:

EP (Elevator Pitch)

=

Wer (Unsere Zielperson, einzelner Kund oder Kundengruppe)

Was (Objekt, Aufhänger, Produkt …)

Warum (Verkaufsabschluss, Terminabsprache …)

:

Wie (In 30 (bis Max. 60) Sekunden Interesse erzeugen, für uns, unsere Firma, unser Produkt, auf Basis von Schlagwörtern die Emotionen wecken, dies mit dem Ziel einen erfolgreichen Abschluss zu tätigen.)

Schön und gut das Ganze. Klingt kompliziert, ist es aber nicht. Lasst uns die einzelnen Punkte einmal im Detail durchgehen. Dabei legen wir natürlich besonderen Wert auf das „WIE".

Eines vorweg: Der Elevator Pitch kann und darf ganz spontan angewendet werden. Er verfehlt seine Wirkung nie. Ganz gleich, an welchem Ort wir uns befinden. Davor aber muss er bis ins Kleinste vorbereitet werden. Nichts darf dem Zufall überlassen bleiben. Immerhin zählt dabei jedes Wort und jede Sekunde. Einen „Pitch" binnen 30 bis Max. 60 Sekunden zu setzen, und dann erfolgreich daraus hervorzugehen, ist eine feine Kunst. Trotzdem sollte jeder gute Verkäufer über wenigstens drei solcher „Pitches" verfügen. Klar, man muss sie zu Beginn auswendig lernen. Mit der Zeit sollten sie aber in Fleisch und Blut übergehen. Wer von euch Verkäufern da draußen überlegt gerade: Warum, das Ganze? Warum auswendig lernen? Warum dieser Mist von Elevator Pitch? Wozu soll das gut sein? Wann könnte ich es überhaupt gebrauchen? Hallo … ist denn schon wieder Frolic-Zeit …?

Es treten häufig Situationen auf, in denen wir Verkäufer über etwas nicht verfügen: Zeit! Im vorherigen Kapitel beispielsweise lernten wir den Kundentypen „Der Eilige" kennen. Bei ihm hätten wir die Möglichkeit, mit Hilfe des „Elevator Pitch", einen erfolgreichen Abschluss zu tätigen, und seih es auch nur eine Terminabmachung. Denkt einmal darüber nach, wie oft Ihr schon während eines potenziellen Kundengespräches in Zeitnot geraten seid. Zudem gibt es mit Sicherheit die ein oder andere Verkaufssparte, wo der Verkäufer immer nur über ein sehr eingeschränktes Zeitfenster verfügt.

Eine weitere Variante, wo man den Elevator Pitch ganz gut einsetzen könnte, wäre beim sogenannten „Cross-Selling". Kennt Ihr, oder? Wendet Ihr ja ständig an, spätestens seit Ihr mein Buch „Emotional Selling" gelesen habt ☺. Rückblende in wenigen Worten: Cross-Selling bedeutet nichts anderes als, nach geglücktem Verkauf eines Produktes, dem Kunden vielleicht noch andere, für ihn besonders wichtige Produkte anzubieten. Dass dieses Unterfangen nicht immer von Erfolg gekrönt ist, ist klar. Einen Versuch ist es aber allemal wert. Hierbei stelle ich mir den Elevator Pitch als eine weitere Terminabmachung vor, wo man sich dann über weitere Produkte unterhalten könnte.

Ich habe das Gefühl, dass sich, langsam aber sicher, bei jedem von euch ein gewisses Gefühl für den Gebrauch des Elevator Pitch einstellt. Oder täusche ich mich etwa? Er ist, wie erwähnt, sehr vielseitig einsetzbar. Ein nützliches Werkzeug, das Verkaufsprofis nicht mehr missen möchten.

An dieser Stelle seih noch erwähnt, dass ich euch ganz bestimmt nicht den Elevator Pitch schlecht hin an die Hand geben werde. Ich werde mich davor hüten. Der Grund ist eindeutig: Ein Elevator Pitch ist immer individuell und muss stets die persönliche Handschrift des Verkäufers tragen. Vermeidet deshalb, ihn in irgendwelcher Form zu kopieren. Ich weiß, das Internet ist voll mit solchen Elevator Pitch Vorschlägen. Ihr könnt sie euch ruhig reinziehen, das wäre es dann auch schon. Bleibt mir authentisch. Er muss zu euch passen wie Faust aufs Auge, ansonsten verliert Ihr eure Glaubwürdigkeit. Am Schluss dieses Kapitels, gebe ich euch einige erprobte Elevator Pitches zum Besten. Lest sie euch durch, damit Ihr erkennt, wie sie aufgebaut sind, und in der täglichen Praxis klingen.

Lets rock …

3. Planung und Struktur

WER

Unsere erste Aufgabe ist es, die Zielperson zu definieren. Arbeitet man als Verkäufer im „Außeneinsatz", hat man seinen Kunden möglicherweise bereits vorab in einem Telefongespräch kennengelernt, und hat vielleicht auch schon Informationen über diesen Menschen. Dies erleichtert den ersten Termin „Auge in Auge" etwas. Ein Vorteil, den wir beim Zusammensetzen unseres Textes nutzen sollten. Arbeiten wir aber direkt an der Verkäuferfront (Geschäft, Bankschalter usw. …), haben wir es eher mit Spontanbekanntschaften im Zusammenhang mit unseren Kunden zu tun. Hier ist gründliche, individuell auf den Kunden zugeschnittene Vorbereitung natürlich nicht möglich. Macht aber nix, unser Elevator Pitch soll uns schließlich in allen möglichen Situationen eine Hilfe sein.

Euer Kunde ist demnach die Zielperson.

Wir stellen uns ein paar Fragen, die uns dabei helfen, diesen Menschen etwas genauer zu definieren. Er ist schließlich das Ziel unseres Elevator Pitch. Für ihn ganz speziell, wollen wir uns ins Zeug legen.

Wer aber ist dieser Kunde?

Um welchen Kundentypen handelt es sich?

Wie tickt er?

Wie ist er drauf?

Wo sind meine Grenzen?

Wie weit kann ich gehen?

Langsam aber sicher entsteht so ein Bild unserer Zielperson oder gar Zielgruppe. Dies passiert, ob Ihr mir das nun glaubt oder nicht, irgendwann völlig automatisch. Nicht zuletzt natürlich, durch das Lesen der Körpersprache unseres Gegenübers oder auch des aktiven Zuhörens unsererseits.

Wir haben unsere Zielperson ausgemacht und definiert. Zum WER gehören beim Elevator Pitch aber auch unsere Person und die Firma, für die wir arbeiten. Verkäufer trifft Kunde, aber gleichzeitig trifft auch Kunde den Verkäufer.

Mit anderen Worten, in unserem Elevator Pitch müssen auch, in kurzer Form, knackig auf den Punkt gebracht, Informationen zu uns und unserem Unternehmen vorkommen.

Name: Vielleicht verfügen wir über einen originellen Namen, oder man kann ihn mit etwas Originellem verbinden usw. …

Funktion: Was sind wir im Unternehmen? Verkäufer, ja. Vielleicht spezialisiert auf irgendeinem Gebiet. Unsere Kompetenz sollte klar zum Vorschein kommen.

Firma/Unternehmen: Name natürlich. Wer sind wir? Was befähigt uns? Was unterscheidet uns von der Konkurrenz? Was können wir bieten?

In dieser ersten Phase der Planung heißt es demnach, sich schriftlich Notizen über die Personen zu machen, die am Elevator Pitch teilnehmen werden. Der Kunde und der Verkäufer. Schreibt euch in Stichwörtern auf, was euch zu diesem Thema einfällt. Habt dabei immer die „Originalität" im Hinterkopf. Ein Schelm, der dabei Böses denkt. Es geht um Emotionen. Schlagwörter. Hammersätze. Hauptsache originell und treffend.

Wichtig: Die Stichwörter sollen es euch erlauben, Bilder im Kopf des Kunden entstehen zu lassen.

Spektakulär – positiv – originell – kreativ – erfindungsreich – ausgefallen – außergewöhnlich, aber auch kurios – schräg – schrullig – eigentümlich – spritzig – und vor allem humorvoll sollten sie schon sein.

Schreibt alles auf, was euch spontan in den Kopf kommt. Streichen kann man später immer noch. Bei der definitiven Auswahl der Wörter dürft Ihr dann natürlich nie vergessen, dass bei der ganzen Planung am Ende die Authentizität nie verloren gehen darf. Ihr seit während eines Kundengespräches nie Schauspieler. Nein, Ihr seit immer Ihr selbst. Der Kunde erkennt den Unterschied. Ganz bestimmt.

WAS

Um was geht es eigentlich? Was ist der Mittelpunkt unseres Kundengespräches? Richtig. Es geht ums Produkt oder die Dienstleistung. Kurz, was haben wir anzubieten?

In diesem mittleren Teil unseres Elevator Pitch gilt es, auf möglichst emotionale Weise, auf die Bedürfnisse und Wünsche unserer Kunden einzugehen. Genau dieser Kunde hat oft unterschiedliche Beweggründe einen Kauf zu tätigen. Äußere, emotionale Einflüsse steuern seine Kaufentscheidung.

Eine kleine Auswahl an Themen, in fünf Gruppen zusammengefasst, die bei allen Menschen auf die ein oder andere Art Emotionen wecken können, und Bilder im Kopf entstehen lassen:

Geld – Reichtum – Gewinn – Wohlstand

Familie – Kinder – Freunde – Stolz

Beruf – Bewunderung – Image - Beförderung

Freizeit – Urlaub – Spaß – Vergnügen - Entspannung

Gesundheit – Sicherheit – Ruhe - Fitness

Betrachten wir nun einmal das Produkt welches wir verkaufen, wollen, und versuchen, im Kontext zu den von mir gewählten Themengruppen herauszufinden, wo hier Berührungspunkte liegen könnten.

Beispielsweise beim Verkauf einer Alarmanlage für das Eigenheim des Kunden.

Klar, Sicherheit aus der Gruppe **Gesundheit** steht hier an erster Stelle. Wir suchen also Schlagwörter zum Thema Sicherheit. Aber nicht nur. Wie wäre es mit **Familie** (Zusätzlicher Schutz für Ihre Lieben …), oder etwa **Geld** (Schutz materieller Werte … / „Lohnende Investition zum Schutz Ihrer Liebsten!"). Ihr könnt sehen, worauf ich hinaus will.

Produkt: ALARMANLAGE
Schlagwörter: SICHERHEIT / SCHUTZ/ IHRE LIEBSTEN/ LOHNENDE INVESTITION usw. Es gibt hier keine Grenzen.
Kleiner Tipp: Bedient euch der Synonym-Suche etwa übers Internet. Begriff eingeben, und nach ähnlichen Begriffen suchen lassen. Auch hier gilt: Notizblock und Kugelschreiber griffbereit halten.

Man sollte stets den persönlichen Nutzen des Kunden im Auge behalten. Ist dieses Produkt genau das richtige für ihn?

Unsere Schlagwörter zum Produkt untermalen wir, wie wir es schon in meinem ersten Ratgeber zum Thema Emotional Selling gelernt haben, mit Kurzgeschichten, Anekdoten, Erfahrungen und Rückmeldungen anderer Kunden. Dies verleiht unserer Aussage die nötige Glaubwürdigkeit. Der Elevator Pitch lebt von genau diesen Emotionen.

Wir haben Phase eins, WER sind unsere Zielpersonen (Kunde und wir der Verkäufer) abgeschlossen, auch Phase zwei, WAS ist unser Produkt/Dienstleistung, ist definiert, bleibt noch Phase drei WARUM tun wir das? Verkauf von Produkt/Dienstleistung oder, zunächst einfach nur: Terminabmachung.

WARUM

Unser ganzes Vorhaben hat natürlich ein klar umrissenes Ziel. Genau dieses, gilt es zu definieren. Sind wir auf den sofortigen Verkauf aus, oder geht es uns in erster Linie darum, den Kunden für einen Termin zu gewinnen? Auch hier spielt es eine Rolle, in welcher Branche der jeweilige Verkäufer arbeitet. Beim Verkauf einer Immobilie wird man wohl kaum binnen 1 Minute zum Abschluss kommen. In einem Warengeschäft für Elektroartikel könnte dies aber durchaus der Fall sein.

Der Grundgedanke des Elevator Pitch im Verkauf ist zwar, die gelungene Kontaktaufnahme des Verkäufers mit einem Kunden, aber nur, wenn eine konkreten Kundengewinnung und - Bindung für die Zukunft dabei herauskommt. Minimum: vereinbarter Termin. Maximum: Verkauf eines Produktes/Dienstleistung.

WIE

Oberstes Ziel: Der Elevator Pitch soll das Interesse beim Kunden wecken. Für uns, unser Unternehmen und unser Produkt.

Wie können wir dieses Ziel in möglichst kurzer Zeit erreichen?

Wir haben *30 Sekunden Zeit* (Max. 60 Sekunden).

a.) Wir stellen uns kurz vor. (Name/Funktion/Firma)

Klar, deutlich ausgesprochen und mit Aha-Effekt unterlegt. Dies kann ein Wortspiel mit unserem Namen sein (Bsp.: Meine Name ist Kevin Heck, ja Heck, genau wie der Dieter Thomas (Heck) von der Hitparade … Sie wissen schon …) oder auch mit der Funktion (Mein Name ist Kevin Richter, von Beruf Verbrecher (äh, Quatsch, Entschuldigung) Verkäufer für Alarmanlagen und dies bereits seit 25 Jahren.) Geht natürlich nicht mit jedem Namen, schade. Aber warum tun wir das überhaupt? Es ist ein psychologischer Trick dabei. Durch diese Wortspiele, erregen wir zum einen Aufmerksamkeit, und zum anderen, steigern wir die Möglichkeit, dass unser Name beim Kunden „hängen bleibt", und er diesen, optimalerweise, sogar positiv assoziiert. (Er war Fan von Dieter-Thomas Heck … ☺)

b.) Interesse wecken für unser Produkt/Dienstleistung

In wenigen Sätzen beschreiben wir unser Produkt oder unsere Dienstleistung. Dabei verwenden wir Schlagwörter gemischt mit provokanten, originellen und knackigen Adjektiven, die unser Produkt besonders hervorheben.

Dabei kann es um das Preis-Leistungs-Verhältnis gehen, um die Konkurrenz, um technische Vorteile gegenüber anderen Herstellern, um Sicherheit, Gesundheit, Familie, Beruf und Freizeit gehen. Es stehen uns Tausende Möglichkeiten zur Verfügung, Interesse für unser Produkt/Dienstleistung zu wecken. Dies tun wir emotional, und nur so … (Für die Nichtkenner der deutschen Grammatik: Adjektive sind umschreibende Wörter, wie: ausgezeichnet, edel, einzigartig, hochwertig, geschmackvoll, schön, kostbar, fabelhaft, großartig, exzellent, faszinierend, spannend, kreativ, ideenreich, grandios, attraktiv, strahlend, einladend ... und viele Tausend andere mehr.)

c.) Unser vorgegebenes Ziel erreichen

Wie bereits besprochen, setzen wir uns ein klares Ziel, das es absolut zu erreichen gilt. Ich plädiere, im Zusammenhang mit dem Elevator Pitch im Verkauf, immer wieder für die festgemachte, unumstößliche Terminabmachung mit dem Kunden. Wenn wir erst einmal unser primäres Ziel erreicht haben: Wir haben das Interesse beim Kunden geweckt für, uns selbst, unsere Firma, unser Produkt, so ist dies meist der Anfang einer Kundenbindung auf längere Sicht.

Damit hätten wir den rein theoretischen Teil zum Thema Elevator Pitch abgeschlossen. Ihr müsstet nun definitiv in der Lage sein, euren Eigenen zu verfassen. Keiner wird auf Anhieb den tollen, unnachahmlichen, perfekten Elevator Pitch entwickeln. Es gilt ständig an seinem Text herumzufeilen. Neu schreiben, ausbessern. Immer wieder neu überdenken. Ihr sollt natürlich Änderungen daran vornehmen. Auf jeden Fall, nach dem Ihr ihn in der Praxis ausgetestet habt. Denn nur dort werdet Ihr erfahren, ob Ihr mit eurem Elevator Pitch den Nerv des Kunden treffen, und sein Interesse wecken könnt.

Wie versprochen, gebe ich euch einige Elevator Pitches zum Besten. Sie haben sich im realen Verkäuferleben bestens bewährt.

Viel Vergnügen!

Der Coach

Mein Name ist Thomas Müller. Nein nicht der von FC Bayern München, so weit hab ich es noch nicht gebracht. Ich leite mein eigenes Unternehmen. Wir beraten Coaches und Führungskräfte mittelständiger und großer Unternehmen in Sachen Verkäuferausbildung. Unser Spezialgebiet ist die Neukundengewinnung.

Während der Ausbildung legen wir sehr viel Wert auf moderne Verkaufsmethoden, bei denen Authentizität, langfristige Kundenbindung und Freude am Beruf im Vordergrund stehen. Motivierte Verkäufer schaffen zufriedene Kunden. Oder wie sehen Sie das?

Was halten Sie davon, wenn wir einmal gemeinsam prüfen, ob und wie Sie davon profitieren könnten? Wann kann ich Sie nächste Woche erreichen?

Der Programmierer

Hallo, mein Name ist Dieter Klose. Ich arbeite für die Firma „G.Poppen GmbH". Nicht was Sie jetzt denken. Es ist ein Familienunternehmen, und der Inhaber heißt Gustav Poppen. Wir haben eine App entwickelt, die es ermöglicht, Fahrräder, Brief- und Sporttaschen, Schmuck und vieles mehr weltweit zu orten.

Diese App ermöglicht es Ihnen, gestohlene Gegenstände auf einen Meter genau zu orten. Die Standortkoordinaten können Sie dann ganz einfach an die Polizei weiterleiten. Ein kleiner Wisch auf dem Handy, und die Fahndung läuft. Oder wollen Sie Ihr Eigentum einfach so den Dieben überlassen? Diese App ist ein klares Plus für Ihre Sicherheit und die Ihrer Lieben.

Ich bin mir sicher, Sie investieren 5 Minuten in die Sicherheit Ihrer Familie. Hätten Sie nächste Woche Zeit für mich. Ich würde Ihnen diese App gerne in der Praxis vorführen.

Das Kosmetikstudio

Mein Name ist Petra Schneider. Ich arbeite für die Massagepraxis Hannelore Schlachter. Ich weiß, der Name. Aber ganz so schlimm sind wir nicht. Ich bin diplomierte medizinische Masseurin. Wir sind spezialisiert im Bereich „Massage am Arbeitsplatz". Unsere Kunden sind mittelständige oder große Unternehmen.

Haben Sie schon davon gehört, dass Sie als Unternehmer vom Finanzamt belohnt werden, wenn Sie der Belegschaft während der Arbeitszeit eine Massage zugutekommen lassen? Diese Ausgaben sind für Ihr Unternehmen steuerlich absetzbar. Dabei kam erst kürzlich eine wissenschaftliche Studie auf den Markt die besagt, dass eine solche Massage am Arbeitsplatz die Aufmerksamkeit deutlich steigert, die Gehirnströme besser arbeiten lässt, und dass bei den Massierten eine klare Leistungssteigerung zu erkennen war.

ch würde mich sehr freuen, wenn Sie mir die Gelegenheit geben würden, in einem ausführlichen Gespräch Ihnen den konkreten Ablauf unserer Dienstleistung zu erklären. Die Rücken Ihrer Mitarbeiter würden es Ihnen danken.

Feuerschutz

Mein Name ist Rainer Fischbach. Ich arbeite für die Firma „Hotspot GmbH". Wie Sie vielleicht schon gehört haben, sind wir Leader im Bereich „Alarmanlagen". Mein Spezialgebiet: Feuerschutz fürs Eigenheim. Ich lege gewissermaßen die Hand für Sie ins Feuer.

Wir verfügen über eine ganze Palette an Produkten, die Ihnen dabei helfen werden, Ihre Wohnung vor allen möglichen Brandgefahren zu schützen. Sie haben sich schon mehrfach bewährt. Unsere Kunden schwören drauf. Ich persönlich verfüge über jede Menge Erfahrung in diesem Bereich, und wäre gerne bereit, Sie dabei zu unterstützen, auch Ihr Eigenheim vor allen Risiken zu schützen. Sie und Ihre Lieben verdienen Sicherheit und dies vor allem in den eigenen vier Wänden.

Lassen Sie uns gemeinsam Ihr Zuhause absichern. Nächste Woche hätte ich noch den ein oder anderen Termin für Sie frei. Wollen wir Nägel mit Köpfen machen? Kommenden Mittwoch um 18.30 Uhr.

Marketing

Ich heiße Klaus Möller von Lautershausen Grebenhardt. Kurz: Klaus. Bei dem langen Namen habe ich mir gedacht, wählst Du dir einfach einen Beruf, der dazu passt. Ich bin geprüfter Fachkaufmann für Büro- und Projektorganisation Spezialgebiet Marketing. Kurz: Ich organisiere die Werbung für Sie. Mein Arbeitgeber, die Firma „We do it for you GmbH" unterstützt mich dabei ☺

Ihr Unternehmen ist noch jung. Ihre Produkte von besonderer Qualität. Ihre Mitarbeiter tun Ihr Bestes. Aber da draußen weiß niemand, dass es Sie gibt. Ein Grund mehr jetzt aktiv zu werden. Dabei will ich Ihnen helfen. Ich biete Ihnen ein Marketing-Konzept an, nach Maß, auf Ihre Bedürfnisse zugeschnitten. Glauben Sie mir, ab Morgen ist Ihr Unternehmen in aller Munde. Ich kann Ihnen gerne Namen meiner Kunden geben, die werden Ihnen das bestätigen.

Es gilt, keine Zeit zu verlieren. Und genau deshalb biete ich Ihnen einen Sofort-Termin an. Dabei könnten wir gemeinsam Sorge tragen, dass die Welt möglichst schnell erfährt, welche Topprodukte Ihr Unternehmen herstellt und vertreibt. Abgemacht?

Ihr seht, wie in etwa ein Elevator Pitch funktioniert. Ich will aber noch einmal, für jeden, der diese Zeilen liest, wiederholen: Ein Elevator Pitch ist kein definitiver Verkauf. Seine primäre Funktion ist es, das Interesse beim Kunden zu wecken. Wenn dies passiert, und am Ende eine Terminabmachung daraus resultiert, hat er sein Ziel mehr als erreicht. Der eigentliche Verkauf findet in einer zweiten Phase statt.

Hier eine Checkliste, für die Ausarbeitung eures eigenen Elevator Pitch:

1.) Wir brauchen einen starken Einstieg.
2.) Prioritäten setzen.
3.) Das gewisse „Etwas" in den Vordergrund stellen.
4.) Die Zielperson definieren.
5.) Eine klare Sprache sprechen.
6.) Mittels des eigenen Auftretens, Emotionen wecken.
7.) Immer, und ich sage immer, authentisch rüberkommen.
8.) Keine Selbstgespräche führen.
9.) Die Präsentation schließt immer mit einer Aufforderung.
10.) Terminabmachung ist das primäre Ziel.

Natürlich gibt es, wie bei allem was man tut, auch hier Menschen, welche die Technik des Elevator Pitch anzweifeln. Von Manipulation ist die Rede, von Versprechen, die man nicht halten kann, und anderes mehr. Glaubt mir, diese Überlegungen stammen immer von „Negativ-Menschen".
Der Emotional Seller benutzt den Elevator Pitch mit dem Ziel, den Schlüssel zu finden, um die Eingangstür zum Kundengespräch zu öffnen. Allein schon die Tatsache, dass wir auf Authentizität beharren, zeigt, dass wir unsere Person voll mit einbeziehen. Wir sprechen in

unserem Namen, mit unseren Worten. Und nicht zuletzt sind es unsere Versprechungen, die wir dem möglichen Kunden machen. Wir stehen dahinter mit unserem Namen. Also baut mir ja keinen Scheiß. Denkt immer daran: Unser erklärtes Endziel im Verkauf ist die Kundengewinnung und Bindung auf lange Sicht. Unser Weg dieses Ziel zu erreichen, führt über Emotionen. Der Elevator Pitch, gut vorbereitet, weckt diese Emotionen.

Für alle „Negativ-Menschen", Pessimisten, … Frolic gibt's aktuell zum Sonderpreis! Holt es euch! ☺

3. Kapitel

Wissenswertes rund um den „ Verkauf"

In diesem Kapitel will ich euch etwas zusätzliches Wissen rund ums Verkaufen mit auf den Weg geben. Wir werden gemeinsam entdecken, was man unter der 3-Sekunden-Regel versteht. Dann werfen wir einen Blick auf das Eisberg-Schema. Weiter im Programm geht es mit der AIDA-Formel, und wie wir von ihr aus zum weitaus moderneren AIDCAS-Modell gelangen.

Daraufhin folgt eine Sequenz, welche ich euch ganz besonders ans Herz legen möchte: „So verkaufen Verlierer", oder, die größten Fehler im Verkaufsgespräch. Hier werdet Ihr darauf aufmerksam gemacht, was man als Verkäufer unbedingt vermeiden muss. Aus Fehlern lernt man ja bekanntlich. Deshalb werde ich euch zeigen, und auch das ist im Preis dieses Ratgebers inbegriffen, was Verkäufer tagtäglich falsch machen. Viele dieser Ausrutscher, Missgriffe, Patzer, Ungeschicke, Fauxpas, Unarten oder schlechter Gewohnheiten ist man sich selbst gar nicht bewusst. Die Verkaufszahlen gehen zurück, und keiner weiß eigentlich warum. Wir begeben uns zusammen auf Erklärungssuche und werden fündig.

1. Die 3-Sekunden-Regel

In meinem ersten Ratgeber „Emotional Selling" haben wir gelernt, wie wichtig es ist, in einem Kundengespräch richtig zuzuhören. In der Tat neigen die meisten Menschen eher dazu, sich selbst ins Gespräch einzubringen, als zunächst einmal aufmerksam zuzuhören. Dabei ist es eine der wichtigsten Fähigkeiten des Verkäufers, den Kunden dazu zu bringen, zu erzählen. Eine sehr starke Methode ist es daher, dem Kunden die nötige Denkzeit zu verschaffen, damit er seine Ideen und Wünsche gut überlegt rüberbringen kann. Genau bei diesem Unterfangen kommt uns die 3-Sekunden-Regel zu Hilfe.

Vom Prinzip her, ganz einfach:

Wir stellen eine Frage.
Pause (3 Sekunden lang Schweigen)
(Wir zählen durch: Mississippi **1.** – Mississippi **2.** – Mississippi **3.**)
Der Kunde antwortet.

In diesen 3 Sekunden geben wir ihm ausreichend Zeit, unsere Frage zu verstehen, und sich seine Antwort zurecht zu legen. Dem menschlichen Gehirn reichen dazu normalerweise 1,2 Sekunden. Da wir unserem Gegenüber aber mehr als die doppelte Zeitspanne zur Verfügung stellen, kann er strukturiert und detaillierter antworten. Ich glaube, Ihr erkennt den Sinn des Ganzen. Mehr Bedenkzeit bedeutet:

a.) Das Gespräch wird durchdachter.

b.) Die Unsicherheit unseres Gegenübers lässt merklich nach.

c.) Die Antworten werden klarer.

d.) Die Argumentation wesentlich fundierter.

e.) Das Gespräch gewinnt an Transparenz.

f.) Äußerungen werden kreativer.

g.) Das Eis zwischen Verkäufer und Kunde bricht schneller.

h.) Vertrauensaufbau.

i.) Die Diskussion wird gefördert.

j.) Die Teilnahme eventueller dritter am Gespräch steigt sofort.

Ihr werdet sehen, selbst der schüchternste aller Kunden wird sich plötzlich wohl in dem Gespräch fühlen. Die 3 Sekunden Pause sind für ihn auch Aufforderung, sich nun selbst zu äußern.

Es empfiehlt sich, die 3-Sekunden-Regel auch ohne spezielle Frage unsererseits anzuwenden. Beispielsweise, irgendwo mitten im Verkaufsgespräch, wo wir als Verkäufer das Gefühl bekommen, dem

Kunden etwas Zeit zum Überlegen oder Luftholen zu geben. Er wird es euch danken, denn er bemerkt, ganz unbewusst, dass er an Sicherheit gewinnt.3 Sekunden sind länger als Ihr denkt. Deshalb kurz mal üben: **Mississippi 1.** ... **Mississippi 2.** ...

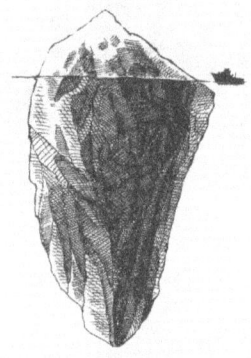

2. Das Eisberg-Schema

Auf dem Bild oben ist ein Eisberg abgebildet. Ihr erkennt das Schiff, welches auf dem Meer schwimmt? Unschwer auch festzustellen, dass 20 % des Eisberges über Wasser sind, und die restlichen 80 % unter Wasser.

Was aber hat dies alles mit „Verkaufen" zu tun? Das Eisberg-Modell geht auf den Begründer der Psychoanalyse, Sigmund Freud (1856-1939), zurück. Es befasst sich mit der Bedeutung der verschiedenen Kommunikationsebenen.

Der sichtbare, viel kleinere Teil des Eisbergs repräsentiert die sprachliche Ebene, auch **Sachebene** genannt. Hier befindet sich der Inhalt der Kommunikation. (Daten, Fakten, Zahlen, also das „WAS".) Die nicht sichtbare Ebene des Eisbergs, also der Teil unter Wasser, repräsentiert die **Beziehungsebene**. (Gefühle, Stimmungen, Empfindungen, also das „WIE".) Hier wird mit Gestik und Mimik kommuniziert.

Übernehmen wir diese psychologische These in den „Verkauf":

Auf der Sachebene kommuniziert man in sprachlicher Form über Produkteigenschaften, Konditionen Serviceleistungen, kurzum über Fakten. Diese Gesprächsinhalte kann man zwar bewusst steuern, stellen aber nur einen kleinen Aspekt (20 %) des Kommunikationsprozesses dar. Der wesentlich größere Teil (80%) der zwischenmenschlichen Kommunikation geht aber unterbewusst vonstatten. Bestimmte Gefühle wie Vertrauen, Wertschätzung, Sympathie und persönliche Vorlieben beeinflussen eine Kaufentscheidung ganz entscheidend.

Damit wir unseren Kunden für uns gewinnen können, müssen wir nicht nur auf rationale Fakten (Sachebene) eingehen, sondern lernen, die dahinter versteckten Emotionen (Beziehungs- oder Gefühlsebene) ausfindig zu machen. Es geht demnach weit weniger um das, WAS man sagt, sondern eher um das, WIE man es sagt. Dabei gilt es natürlich, die eigene Körpersprache, das gesprochene Wort, die eigene Tonlage ständig zu beobachten und zu kontrollieren. Wir selbst müssen uns ständig auf der Beziehungsebene bewegen. Hier zeichnen wir uns deutlich von unserer Konkurrenz ab. So sind zum Beispiel Hardseller rein sachbezogen. Schneller Abschluss, kein Interesse an längerfristiger Bindung mit dem Kunden, also, kein Interesse sich auf der Beziehungsebene zu tummeln.

Hier sieben simple Tipps für eine positive Beziehungsebene:

a.) Locker in ein Kundengespräch reingehen.

b.) Sich für das Anliegen des Kunden interessieren.

c.) Freundlich sein. Immer authentisch. Stets aufmerksam.

d.) Gelassenheit beweisen bei möglichen Einwänden.

e.) Immer dem Kunden „zuhören".

d.) In Bildern sprechen.

f.) Emotionen wecken.

Ich habe euch das Eisberg-Schema hauptsächlich einmal vorgestellt, um klar zu machen, dass sich im Verkauf sehr viel um Psychologie dreht. Nicht nur, weil der gute alte Sigmund Freud irgendeine Theorie aufgestellt hat, die mittlerweile bewiesen ist, sondern weil er beweist, dass sich der Mensch, bei aller Liebe zu Sachverhalten, mehr als eindeutig durch seine Gefühlsebene leiten lässt. Und genau hier werden letztendlich die Entscheidungen getroffen. Die Entscheidungen, ob ich das Ding denn nun kaufe, oder doch lieber nicht.

Auch der letzte Zweifler wird nun wohl endgültig verstehen, warum ich mich so vehement dafür einsetze, dass Emotional Selling der einzig richtige Weg ist, ein erfolgreicher Verkäufer zu werden. 80 % Emotionen gegen 20 % rationale Fakten sprechen eine überdeutliche Sprache. Eine tolle Firma und ein Megaprodukt brauchen ganz einfach einen Superverkäufer, dem es gelingt, längerfristige Kundenbindungen zu erzielen. Wie denn bitte schön? Mit Emotional Selling natürlich. Yessss …

3. Von der AIDA-Formel zum AIDCAS-Modell

Bei der AIDA-Formel handelt es sich um ein altes Stufenmodell der Werbewirkung. Es wurde bereits 1898 von E.St. Elmo Lewis entwickelt. Danach durchläuft der Kunde vier Phasen, bevor es zur Kaufentscheidung kommt. Diese 4 Phasen werden in ihrer Bedeutung gleichgestellt. Dieses Modell hat sich durch die Jahrhunderte hindurch gehalten. Lasst uns einmal einen genaueren Blick darauf werfen, um genau verstehen zu können, was die Verkaufswissenschaft mit dieser Kommunikationsmethode darstellen will.

AIDA: **A** = <u>Attention</u>

Die Aufmerksamkeit des Kunden wird geweckt.

I = <u>Interest</u>

Das Interesse des Kunden soll gebunden werden.

D = <u>Desire</u>

Der Wunsch, das Produkt haben zu wollen, wird ausgelöst.

A = <u>Action</u>

Der Kunde kauft das Produkt

Dieses Prinzip schreibt vor: Wer eine Verkaufsverhandlung erfolgreich abschließen will, muss unbedingt diesem roten Faden folgen. Er hilft einem, gut vorbereitet und sehr strukturiert vorgehen zu können. Wer dies nicht tut, ist von vornherein verloren.

Man darf, im Zusammenhang mit dieser Formel, nicht vergessen, dass der gute E.St. Lewis Präsident des nationalen amerikanischen Werbeverbandes war. Der Ursprung der AIDA-Formel liegt also auf dem Gebiet der Werbung.

Attention: Es wird eine massive Werbekampagne gestartet

Interest: Auf Basis der Werbung wird das Interesse des Kunden geweckt.

Desire: Durch gezieltes Marketing wird beim Kunden der
            Wunsch hervorgerufen, das Produkt unbedingt haben zu
            wollen.

Action: Mit der Werbebotschaft im Kopf und dem Wunsch das
            Produkt haben zu wollen, geht der Kunde gezielt zum
            Kauf über.

Die Verkaufsbranche, und speziell die Verkäufer an der Front,
zimmerten sich daraus ihr AIDA-Modell zusammen, das ich anfangs
dargestellt habe. Aufmerksamkeit des Kunden wecken / Interesse am
Produkt hervorrufen / Den Wunsch das Produkt haben zu wollen,
auslösen / Der Kunde kauft das Produkt.

Auf den ersten Blick erscheint alles logisch. Was soll auch schon an
diesem Konzept nicht stimmen? Es hat sich durch die Jahrhunderte
bewährt. Die Wissenschaft hat das Modell bestätigt. Also, alles im
Butter. Richtig so, aber es funktioniert auch, wenn man noch zwei
weitere Punkte hinzufügt. Und genau das wollen wir tun.

Wie erwähnt, hat sich die AIDA-Formel bestens bewährt. Sie ist in
der Werbebranche auch noch immer das Maß aller Dinge. Auch im
Verkauf kommt sie erfolgreich zur Anwendung. Wir sind Verkäufer.
Also?

Im Laufe der Zeit wurde die AIDA-Formel weiterentwickelt. Hier das aktuelle neue Modell:

AIDCAS: **A** = Attention

> Die Aufmerksamkeit des Kunden wird geweckt.

I = Interest

> Das Interesse des Kunden wird erregt.

D = Desire

> Der Besitzwunsch wird ausgelöst

C = Conviction

> Das Produkt überzeugt gegenüber der Konkurrenz

A = Action

> Der Kunde kauft das Produkt.

S = Satisfaction

> Der Wunsch des Kunden wird befriedigt.

Dabei geht man hier vordergründig davon aus, dass der Kunde zufrieden aus seiner Kaufentscheidung hervorgeht. Das Hauptaugenmerk liegt also darauf, dass eben dieser Kunde auch wiederkommt.

Hier schließt sich der Kreis. Wir haben im 2. Kapitel dieses Ratgebers ausführlich über den „Elevator Pitch" gesprochen. Nun, die AIDCAS-Formel eignet sich hervorragend als Grundlage für die Ausarbeitung einer eigenen Präsentationsstrategie. Es wäre demnach sehr sinnvoll, während Ihr euren Elevator Pitch zusammenbastelt, immer die AIDCAS-Formel im Hinterkopf zu behalten. Dies ist genau der Grund, warum ich euch an dieser Stelle kurz beide Formeln, AIDA und AIDCAS vorgestellt habe. Bringen wir es auf einen gemeinsamen Nenner, wir lernen halt immer noch dazu.

4. So verkaufen Verlierer
(Die größten Fehler im Kundengespräch)

Dieses Thema liegt mir besonders am Herzen. Wie Ihr bestimmt wisst, aus Fehlern lernt man. Sind wir doch mal ehrlich. Nach jedem Kundengespräch, das nicht erfolgreich abgeschlossen wurde, stellen wir uns folgende Fragen: Was ist schief gelaufen? Warum hat der Kunde mir einen Korb gegeben? Warum blieb mir, genau hier, der erfolgreiche Abschluss versagt? Lag es an mir? Lag es am Produkt? Lag es am Kunden? Wo liegen die Gründe? Habe ich etwas falsch gemacht? Oft finden wir darauf keine Antwort. Fehler machen ist menschlich. Genau dort will ich, anhand dieses Kapitels ansetzen. Ich möchte euch auf eine Reihe Fehler hinweisen, die ein jeder von uns, teilweise sogar unbewusst, immer wieder mal macht. Mein Wunsch ist es, dass Ihr euch bei jeder Fehlerquelle die Frage stellt: Könnte mir das auch passiert sein? Ich weiß, unser Ego beantwortet diese Frage stets mit: So etwas passiert mir doch nicht! Ich doch nicht! Deshalb gilt: Lasst euer Ego außen vor. Schickt es Frolic kaufen, oder sonst was. In diesem Kapitel können wir unser Ego gerade gar nicht gebrauchen. Mein Auftrag an euch: Seid ehrlich mit euch selbst.

1.) *Der erhobene Zeigefinger*

Nie den Besserwisser heraushängen lassen. Selbst wenn der Kunde im Irrtum ist, darf nie eine Situation Lehrer-Schüler entstehen. Den erfolgreichen Abschluss kann man direkt vergessen. Der Kunde fühlt sich belehrt, vielleicht sogar bloßgestellt. Wir neigen gerne dazu, den Zeigefinger zu erheben, um unseren Worten mehr Gewicht zu geben. Dies ist aber eine negative „drohende" Geste, die bei unserem Gegenüber überhaupt nicht gut ankommt.

2.) *Nicht beachten von Kaufsignalen*

Viele Verkäufer sind derart mit sich selbst beschäftigt, dass sie darüber hinaus ganz vergessen, auf Kaufsignale der Kunden zu achten. Es entgehen ihnen Körpersignale wie: Kopfnicken oder verstärkter Blickkontakt. Er ignoriert auch Sätze des Kunden wie:

„Das klingt interessant!" – „Sieht hübsch aus!" – „Das wollte ich immer schon einmal!" – „Hört sich gut an!" – „Da stimme ich Ihnen zu!"- „Der Preis scheint mir gerechtfertigt!" – „ Coole Sache!" – „Geil!" usw. ...

3.) Ohne klare Linie

Keine klare Linie. Es fehlt jede Struktur. Das „Verkaufen" ist der Job des Verkäufers. Sein Beruf. Die Abläufe eines Kundengespräches sollen stets abrufbar sein. Man muss sie verinnerlicht haben. Wie soll man sonst in den vielen verschiedenen Situationen adäquat reagieren können. Gewisse Prozesse und Phasen des Kundengespräches müssen professionell geführt werden. Amateurismus stößt dem Kunden negativ auf.

4.) Von der Angst gelähmt

Unsicheres Auftreten. Angst vor dem Versagen. Wer kennt das nicht. Schnell gerät man in einen Strudel, der einen nach unten zieht. Tendenz: Man gibt dem Kunden unentwegt recht. Authentizität geht verloren. Der Kunde bestimmt ganz alleine, wo das Gespräch hinführt. Dies sind alles Punkte, die einen möglichen Erfolg komplett verhindern. Der Kunde deutet dieses Verhalten immer als Inkompetenz. Er will einen Verkäufer, der von sich und vor allem vom Produkt absolut überzeugt ist.

5.) *Alles verallgemeinern*

Während eines Gespräches neigt der Verkäufer dazu zu verallgemeinern. Beispiel: „Die Konkurrenz hat ihre Preise auch erhöht." – „Die Weltwirtschaft ist schuld." – „Die Finanzkrise ist allgegenwärtig." – „Der Euro ist schuld an allem." – „Alles ist teurer geworden."

Diese Äußerungen helfen dem Kunden recht wenig. Er ist nun mal er und glaubt ein Recht darauf zu haben, als Individuum behandelt zu werden. Unsere Bemerkungen sind für ihn unerheblich.

Bei der Preisgestaltung könnte man daher etwa so vorgehen: „Dieser Preis enthält 1 Jahr Garantie und 3 Jahre kostenlose Wartung." – „In diesem Preis ist eine kostenlose Schulung Ihres Personals inbegriffen." – „ Sehen Sie das Ganze einmal aus anderer Sicht. Für Ihre Sicherheit und die Ihrer Lieben, sind 50 Cent pro Tag nicht viel."

6.) *Tödliche Routine*

Es ist die normalste Sache der Welt, dass sich bei jedem einmal eine gewisse Routine einstellt. Man kennt viele Fragen der Kunden schon im Voraus. Die verkauften Produkte oder Dienstleistungen ähneln sich. Es besteht die Gefahr, seine Sätze unkontrolliert, routiniert, monoton herunterzulabern. Dabei entsteht eine große Gefahr. Man nimmt dem Kunden Fragen vorweg, und gibt Antworten auf nicht gestellte Fragen. Unser Gegenüber interpretiert dies als Lustlosigkeit und mangelndes Interesse an seiner Person.

7.) _Nur reine Phrasendrescherei_

„Qualität hat eben ihren Preis!" – „Es verkauft sich wie warme Semmeln!" – „Ich mache nur meinen Job!" – „Dies ist das Beste, was man kaufen kann!" – „Das können Sie mir glauben!" – „Sie werden mir recht geben!" – „Ich appelliere an Ihren gesunden Menschenverstand!" – „Dieses Produkt ist das beste der Welt!"
All das sind nur nichtssagende Phrasen. Solche Sätze sagen dem Kunden sofort: Dieser Verkäufer speist mich mit Standardfloskeln ab. Er hat in Wirklichkeit nur wenig Ahnung von dem, was er tut. Und schon hat sich das Kundengespräch erledigt.

8.) _Die Autoritätsmethode_

Um ein eigenes Produkt ins rechte Licht zu rücken, bedienen sich Verkäufer häufig der Autoritätsmethode. „Auch ein führendes Unternehmen aus diesem Bereich arbeitet mit uns. Und das zum gleichen Preis." – „Selbst der absolute Leader dieser Branche greift auf uns zurück, wenn Not am Mann ist." – „ Auch die Nummer 1 unter den … nutzt unseren Service."
Gefährlich, gefährlich. Erstens muss diese Aussage zu 100 % stimmen. Zweitens wissen wir nicht, ob unser Kunde vielleicht, rein zufällig, überhaupt nicht gut auf dieses Unternehmen zu sprechen ist. Falsche Aussagen, und seih es auch nur eine kleine Flunkerei, bergen Gefahren, und werden in der Regel sehr oft von Kunden entdeckt.

9.) Unendliche Monologe

Nichts kann einen Kunden mehr nerven, als auf eine konkrete Frage eine lange ausschweifende nichtssagende Antwort zu bekommen. Es entsteht Langeweile pur. Zudem kommt der Kunde zu der Gewissheit, dass es hier doch reichlich an Kompetenz fehlt. Oder verbirgt der Verkäufer gar etwas?

Deshalb gilt auch hier: Lasst den Kunden reden. Ihm gehört ein Großteil des Kundengespräches. Man darf auch ruhig mal zugeben, etwas nicht zu wissen. Man verspricht dem Kunden sich zu informieren, um schnellst möglich die richtige Antwort geben zu können. Dies wird dem Verkäufer komischerweise nur sehr selten als Inkompetenz ausgelegt.

10.) Im Expertenmodus

Die Gefahr durch Fachkompetenz glänzen zu müssen, ist ein täglicher Begleiter der Verkäuferzunft. Man glaubt fälschlicherweise, so, beim Kunden, am besten punkten zu können. Besonders bei technischen Fragen verliert man sich gerne in ausartende Fachgespräche. Oft verliert der Kunde dabei den Faden. Er kann einfach nicht mehr folgen. Hier gilt: Komplizierte Dinge versuchen, einfach und verständlich zu erklären. Fachbegriffe nur dann anwenden, wenn klar ist, dass der Kunde weiß, wovon wir sprechen.

11.) *Vermutungen statt Wissen*

Hier ist gemeint, wir vermuten, dass sich der Kunde für dieses Produkt interessiert. Wir wissen es aber nicht genau. Will sagen, wir haben die Wünsche des Kunden nicht hinterfragt. Risiko, wir laufen möglicherweise in die falsche Richtung. Sein Hauptaugenmerk liegt ganz wo anders. Wir befinden uns auf der falschen Schiene und fahren schnurstracks ins Verderben. Unsere Beratung ist zwar ganz in Ordnung, wir haben dem Kunden jedoch nicht genau zugehört, oder diesen falsch verstanden. Am Ende wird der Erfolg logischerweise ausbleiben.

12.) *Plumpes Ablenkungsmanöver*

Klar, man hat nicht auf jede Frage gleich eine Antwort parat. Vielleicht rückt uns der Kunde auch zu sehr mit guten Argumenten auf die Pelle. Egal. Viele Verkäufer schalten in den Verteidigungsmodus, und starten ein Ablenkungsmanöver. Dieser Schachzug erweist sich jedoch meistens als nicht gut gewählt. Der Kunde bekommt den Eindruck, wir hätten etwas zu verbergen, oder wir würden mangelndes Wissen überspielen. Er hat schließlich ein Recht darauf, dass seine Einwände Beachtung finden. Sollte es einmal der Fall sein, so zögert nicht eine Sekunde lang, und zieht einen Kollegen mit ins Gespräch hinein, der in der Lage ist, eventuell delikate oder sehr technisch bezogene Fragen dem Kunden zu beantworten. Ablenkungsmanöver sind leicht durchschaubar.

13.) _Heftige Ablehnung_

Es gibt im Leben immer zwei Meinungen. Man sollte jedoch nie den Kunden wissen lassen, dass er komplett daneben liegt. Ein Satz, der die Todesstrafe nach sich zieht: „Das sehen Sie komplett falsch!"

Aus und vorbei. Der Kunde geht seiner Wege. Er fühlt sich attackiert und sieht keine Grundlage mehr, um das Gespräch fortzuführen.

Besser wäre: „ Ich kann Ihre Argumentation verstehen, aber sehen Sie das Ganze doch mal aus folgendem Blickwinkel..."

Der Kunde wird zuhören, und die Sache mit seinem inneren Auge aus diesen Blickwinkel betrachten. Wir erinnern uns, Bilder im Kopf des Kunden entstehen lassen ...

14.) _Humor an der falschen Stelle_

Heikles Thema für alle Emotional Seller. Wir wissen ja, dass Humor und Witz in einem Verkaufsgespräch eine nicht zu unterschätzende Rolle spielen. Aber, aufgepasst. Bei jeder witzigen und noch so harmlosen Bemerkung kann der Schuss nach hinten losgehen.

Beispiel: „Wenn Sie bedenken, was heutzutage ein Pfund Kaffee kostet, dann sind wir doch noch immer sehr günstig."

Dies interessiert den Kunden nicht. Er sieht das folgendermaßen:

Der Preis für das Produkt ist zu hoch. Der Verkäufer bagatellisiert dies anhand eines schnöden Beispiels.

Fettnäpfchen lauern an jeder Ecke. Man sollte bei Witzen immer darauf achten, dass man vorher schon abgeklärt hat, mit wie viel

Humor der Gegenüber gesegnet ist. Zudem ist Witz nicht gleich Witz. (Es wäre eine Idee, in meinem nächsten Ratgeber auf dieses Thema ausführlicher einzugehen.)

15.) *Große Klappe, nichts dahinter*

Viele glauben, übrigens ich auch, dass jeder Verkauf auf einer Showbühne stattfindet. Er denkt, ein Verkaufsgespräch ähnelt einer großen Darbietung, und er müsste nun den Zampano herauskehren. Die ultimative Verkaufsshow. Wenn man dies tut, sollte man sich jedoch gewiss sein, dass man über das nötige Know-how verfügt. Jemand, der lediglich eine Show abzieht, wo er im Mittelpunkt steht, und der Kunde in die Zuschauerrolle gedrängt wird, hat bereits verloren. Dieser Kunde bekommt seine Erwartungen nicht erfüllt und wird uns auf keinen Fall weiterempfehlen. Ein, vom Verkäufer spektakulär geführtes Kundengespräch ist toll. Fehlt es aber an der nötigen Kompetenz in Fachfragen, ist das Projekt zum Scheitern verurteilt.

16.) *Sein Handwerkzeug nicht kennen.*

Nicht wissen, wann man, wie reagieren muss. Ich habe euch in meinem ersten Ratgeber die Werkzeuge des Emotional Sellers erklärt. Als da wären: Schlagfertigkeit / Aktives Zuhören / Körpersprache / Story Telling / Empathie / Powerfragen.

Es ist für jeden, der einen Beruf, ganz egal welchen, ausübt ein absolutes „Must", seine Werkzeuge, die er zur Ausübung desselbigen benötigt, auch im Detail zu kennen. Verkaufsprofis wissen haargenau, wann und wie dieses Werkzeug einzusetzen ist. Zu welchem Zeitpunkt, bei welcher Gelegenheit stelle ich welche Frage? Sie kennen ihr Werkzeug und überprüfen regelmäßig, ob es noch auf dem neuesten Stand ist. Seit Ihr Profis?????

17.) *Mangel an Lust und Leidenschaft*

Man hat einen schlechten Tag erwischt. Null Motivation. Es fehlt einem die Lust am Job. Von Leidenschaft ganz zu schweigen. In solchen Fällen ist das Scheitern, wie bei allem im Leben, vorprogrammiert. Dieses Gefühl überkommt einen auch häufig, wenn ein Gespräch ansteht, wo man im Vorhinein schon weiß, wie „kompliziert" der Kunde sein kann.

In solchen Momenten hilft nur eines: Sich selbst motivieren. Dies gelingt einem relativ gut, denkt man beispielsweise an zurückliegende Erfolge nach einem schweren „Gefecht" ☺.

Man sollte auf jeden Fall vermeiden, in einer negativen Stimmung dem Kunden gegenüberzutreten. Es nimmt diesem die Lust am Kaufen.

18.) _Kein Auge für den Kunden_

Es gibt jede Menge Verkäufer, die nur auf sich fixiert sind. Sie vernachlässigen das Lesen der Körpersprache ihres Gegenübers komplett. Dabei entgehen ihnen wichtige Informationen, die der Körper des Kunden ausstrahlt. Ein kundenorientiertes Gespräch kann demnach nicht stattfinden. Auch hier wird das Unterbewusstsein des Kunden bemerken, dass der Verkäufer einem nur wenig Beachtung schenkt.

Demnach, Augen auf, auch beim Verkauf. Blickkontakt hat Priorität.

19.) _Kein Ohr für den Kunden_

Ein weiterer negativer Punkt im Verkauf. Die meisten, nein fast alle Verkäufer leiden unter der berufsspezifischen Krankheit, nicht ordentlich, intensiv, aufmerksam Zuhören zu können. Ein Ohrenarzt kann dabei wenig helfen. Das Problem liegt vielmehr in der menschlichen Psyche verborgen. Jeder will etwas sagen, keiner hat aber Lust zuzuhören. In unserem Fall aber, und damit meine ich die Verkäufergilde, können wir davon ausgehen, dass wiederum das Unterbewusstsein des Kunden darauf aufmerksam wird. Konsequenz. Der Kunde selbst fühlt sich nicht verstanden, weil, man hat ihm ja schließlich nicht richtig zugehört.

20.) _Langweiliger Small Talk_

Small Talk ist irgendwo Pflicht. Man muss dabei nicht unbedingt über das Wetter reden. Dies gilt als der Langweiler schlechthin. Wie wäre es mit:

- Was machen Sie beruflich?
- Welchen Interessen gehen Sie nach?
- Welches Buch lesen Sie gerade?
- Möchten Sie etwas trinken?
- Sind Sie sportbegeistert?

Der Small Talk findet meist in der Eröffnungsphase des Gespräches statt. Eine gelungene Art, den Small Talk zu beginnen, ist immer das Stellen einer Frager. Dies zieht unseren Gesprächspartner zwangsläufig ins Gespräch hinein. Er muss ja schließlich antworten ... Small Talk ist immer interessant, um Informationen über den Kunden zu erfahren, auf die wir im weiteren Verlauf zurückkommen könnten.

21.) _Null Interesse_

Unter den Verkäufern allgemein, findet man viele, die zu wenig oder zu unkonkrete Fragen stellen. Dies bekundet ein Mangel an Interesse am Kunden. Ein Fehler. Je mehr wir über diesen Kunden erfahren, desto einfacherer wird es sein, das für ihn am geeignetsten Produkt zu finden. Mit Routinefragen erreichen wir rein gar nichts. Wenn wir es nicht zustande bekommen, unserem Kunden das nötige Interesse entgegenzubringen, werden wir ihn auf kurz oder lang verlieren.

22.) _Das Fehlen an Emotionen_

Euch Emotional Sellers brauche ich dieses Thema eigentlich nicht zu wiederholen. Im Verkauf spielt das gesprochene Wort die entscheidende Rolle. Es entscheidet gewissermaßen über Verkauf oder Nicht-Verkauf. Emotionelle Wörter untermalen die Aussage jedes Verkäufers um ein Vielfaches. Sätze wie: „Sie gewinnen dadurch ..." – „So erreichen Sie Ihr ..." –„Dadurch ersparen Sie sich ...", lassen Bilder sprechen. Sie gelten als Basis, um den Kunden letztlich zu überzeugen. Wörter wie innovativ, modern, wertvoll, traumhaft, spannend klingen wie Musik in den Ohren des Kunden, und beeinflussen zusätzlich seine Entscheidungen. Bleiben diese Emotionen aber aus, weil der Verkäufer nur auf Altausgedientes zurückgreift, Routinephrasen usw. ... wird er scheitern.

23.) _Unflexibles Verhalten_

So mancher Verkäufer benutzt immer wieder die gleiche Verkaufsstrategie. Eigentlich wäre es aber sinnvoller, wenn er seine Gespräche dem jeweiligen Kunden anpasst. Nicht jeder will auf die gleiche Weise behandelt werden. Kein Kunde gleicht dem anderen. Jeder Mensch ist anders. Es gilt deshalb flexibel zu bleiben. Um dies zu verdeutlichen, ein weiteres Beispiel. Der eine Kunde interessiert sich für alle technischen Aspekte des Produktes. Dem anderen dagegen reichen die wichtigsten Infos völlig aus. Geht der Verkäufer beim einen Kunde überhaupt nicht ins Detail, bei dem Zweiten aber zu sehr, wird er sich in beiden Fällen verirren. Auskundschaften, und dann schön flexibel bleiben.

24.) Einwände, oder Krieg der Wörter

Einwände des Kunden sind ein notwendiges Übel. Keine Frage. Aber sie bieten eine gute Gelegenheit, den Kunden nicht zum Kauf überreden -, sondern ihn vom Verkauf überzeugen zu müssen. Schlagfertigkeit ist gefragt. Ansonsten wird die Sache problematisch. So mancher Kundentyp genießt dieses Situationen. Er will den Verkäufer herausfordern, und dabei so viel Wissen wie möglich in sich aufnehmen. So mancher Verkäufer meidet dieses Terrain, indem er schnelle, meistens auswendig gelernte Antworten gibt. Dies alles so unpersönlich wie möglich. Die Situation erinnert an ein „Duell", aus dem nur Verlierer hervorgehen können. Eigentlich ist es aber am Verkäufer die Situation professionell zu meistern, indem er mit gekonnter Fragetechnik alle Einwände des Kunden aus dem Weg räumt.

25.) Zeitdruck provozieren

Intensive Gespräche brauchen ihre Zeit. Umso dummer die Situation, dass anschließend bereits der nächste Kunde oder Termin wartet. Zwangsläufig schaut man nun häufiger auf die Uhr. Man beginnt, auf den Abschluss zu drängen. Kurzum, man gibt dem Kunden zu verstehen, dass „seine Zeit abgelaufen" seih. Wichtig, wenn dies möglich ist, ausreichen Zeit pro Termin vorsehen. Ständiges Beobachten des Sekundenzeigers vermittelt dem Kunden das Gefühl, überflüssig zu sein. Aber hallo. Wer will hier verkaufen? Sollte man trotzdem in Zeitnot geraten, darf man ruhig einen Kollegen zum wartenden Kunden schicken, um diesem zu erklären, dass man sich leicht verspätet. Der aktuelle Kunde hat immer Vorrang.

26.) _Kein Durchhaltevermögen, oder zu viel Dominanz_

So mancher Verkäufer gibt schon auf, ohne das der Spaß so recht begonnen hat. Eine kurze Gegenwehr des Kunden, und man wirkt sofort hilflos. Zudem will diesen auch nicht verärgern. Dabei wäre es ungeheuer wichtig der Sache oder dem „Nein" des Kunden auf die Spur zu gehen. Wo liegen die Gründe der Absage? Warum will der Kunde nicht? Dranbleiben ist das Motto. Selbst negative Erfahrungen hinterfragen. Dies könnte für die Zukunft von Bedeutung sein.

Es gibt natürlich auch Berufskollegen, die genau das Gegenteil davon sind. Sie spielen im Kundengespräch die klar dominante Rolle. Diesem Verkäufertyp mangelt es aber meistens am nötigen Fingerspitzengefühl. Er legt munter drauf los, und hat nur das eine Ziel ständig vor Augen: Den Abschluss. Dabei entgeht diesen Verkäufern häufig, dass der Kunde sich dabei unwohl fühlt, und nur darauf wartet, das Weite suchen zu können.

27.) *Den Fahrplan kennen, aber den Abschluss nicht finden*

Viele Verkäufer lähmt die Angst vor dem Ergebnis. Zumal, wenn das Kundengespräch ein ständiges Auf und Ab ist. Man weiß zu keiner Zeit, wo man eigentlich dran ist mit dem Kunden. Ständige Einwände mussten geklärt werden, und der Kunde zeigt sich recht unentschlossen. Die Körpersignale sprechen auch keine klare Sprache. Alles liegt irgendwie im Trüben.

Langsam aber sicher macht sich ein mulmiges Gefühl breit. All das kann einen Verkäufer dazu verleiten, immer weiter zu sprechen, bis dann irgendwann der Kunde die Geduld verliert.

Das Erkennen dieser Signale wäre in diesem Falle das A und O. Doch das bleibt so manchem Verkäufer versagt.

Ihr seht, es gibt eine Fülle von Fehlern und Unzulänglichkeiten, die einem jeden von uns irgendwann begegnen können. Die hier aufgeführten Beispiele sind nur ein verschindend geringer Teil davon. Aber, wie ich am Anfang des Anschnittes bereits erwähnt hatte, wenn man diese Fehler kennt, hat man alle Möglichkeiten, sie in seinem tagtäglichen Geschäft zu vermeiden. Ich hoffe ihr könnt sie euch merken, dann hätte ich meinen Teil dazu beigetragen, dass Ihr in Zukunft noch erfolgreicher arbeiten werdet. In diesem Sinne ...

4. Kapitel

Schon in meinem ersten Ratgeber hatte ich euch angekündigt, einige Perlen aus der Verkaufswelt zum Besten geben zu wollen. Anekdoten aus dem Reich der Verkäufer und Kunden. Manche der nun folgenden Geschichten sind zum Schmunzeln, andere eher melancholisch, und andere einfach nur krass. Eines haben sie aber gemeinsam: Alle nun folgenden Kundengespräche haben sich in der Realität genau so zugetragen. Einige davon könnt Ihr googeln. Das Meiste in diesem Kapitel wird von mir zitiert.

Zum einen wünsche ich euch viel Spaß beim Lesen, und zum anderen hoffe ich, dass jeder von euch, jeweils das Beste für ihn selbst daraus, mit auf seinen alltäglichen Verkäuferweg nimmt. Augen auf und durch ... ☺

He Alter, was geht?

Folgende Szene spielte sich in Deutschland ab. Eine türkische Staatsbürgerin beim Einkauf irgendwo in einer Shopping Mall.

Kundin: Ey.

Verkäufer: Ja bitte?

Kundin: Schlagsoba!

Verkäufer: Bitte was?

Kundin: Suchen Schlagsoba.

Verkäufer: Ähmm, was bitte?

Kundin: Mann ey, Schlagsoba. Schlag ... soba...

Verkäufer: Entschuldigung, das verstehe ich nicht.

Kundin verdreht die Augen: Schlaaaagsooobaaa

Verkäufer: Schlagsahne?

Kundin: Nein... Schlagsoba

Eine ander Verkäuferin kommt dazu.

Kollegin: Was suchen Sie bitte?

Kundin: Schlagsoba

Kollegin: Ach ein Schlafsofa...

Kundin: Neiiiiiin. Schlagsoba.

Die Kundin fängt an mit dem Arm hin und her zu bewegen, und „srrrrr srrrrr" zu machen.

Kollegin: Aah, etwa einen Staubsauger?

Kundin: Jaaa, haben ich doch gesagt ....Schlagsoba....

Antennen

Ein Kunde macht eine Bestellung bei einem Elektrofachhandel über Telefon.

Kunde: Bitte schicken Sie mir das Paket in ganz neutraler Verpackung. Ja?

Verkäuferin: Es wird in einem ganz normalen Karton verpackt.

Kunde: Und ganz wichtig, Schreiben Sie MEINEN Vornamen mit drauf. Auf keinen Fall den meiner Frau oder nur den Nachnamen!

Verkäuferin: Nein, nur IHR Vorname, so wie sie es gesagt haben.

Kunde: Sonst macht SIE mir wieder die Antennen kaputt.

Verkäuferin: Oh...upps...

Kunde: Ja wissen sie, SIE kommt damit nicht zurecht, wenn ich die ganze Nacht über funke ...Und, wenn ich Ihnen das so sagen darf ... also ihnen als Frau ...

Verkäuferin: Ja?

Kunde: Naja, viel läuft nicht mehr zwischen uns ... ich bin ja auch die ganze Nacht beschäftigt.

Verkäuferin: Vielleicht sollten Sie einen Kompromiss finden ...

Kunde: Hmmm …

Verkäuferin: Hmmm …

Kunde: Danke! Sie haben mir sehr geholfen … ich hoffe, sie macht
mir die neuen Antennen nicht wieder kaputt …

Der Krawattenkauf

Den Service, den ein Mitarbeiter von der Firma TARGET einem
jungen Mann bot, der kurz vor seinem ersten Vorstellungsgespräch in
den Laden kam, weil er eine Clipkrawatte suchte, überstieg alle
Erwartungen.

Die erste Mitarbeiterin, die den bereits für sein Vorstellungsgespräch
gekleideten jungen Mann ansprach, erklärte, dass TARGET keine
Clipkrawatten verkauft, und schlug ihm vor, eine normale Krawatte zu
kaufen. Der junge Kunde wusste allerdings nicht, wie man eine
Krawatte bindet. Daraufhin zog sie einen Mitarbeiter hinzu und fragte
ihn, ob er wüsste, wie man eine Krawatte bindet. Dieser bejahte ihrer
Frage.

Er nahm die Krawatte aus der Verpackung, band sie sich zunächst
selbst um und legte sie dann um den Hals des jungen Mannes. Dann
zog er sie fest, schloss die Hemdknöpfe und zog den Kragen glatt,
sodass der junge Kunde nur noch zahlen musste. Die TARGET-
Mitarbeiter gaben ihm außerdem noch ein paar Tipps für sein
Vorstellungsgespräch. Auf seinem Weg nach draußen wünschten ihm
weitere Mitarbeiter viel Glück für das anstehende
Vorstellungsgespräch.

Diese Kundenservicemitarbeiter waren herzlich und positiv und nahmen einen jungen Kunden unter ihre Fittiche. Ihr kundenfreundliches Verhalten hatte noch einen unerwarteten Nebeneffekt.

Ein anderer Kunde, der ein Foto geschossen hatte, teilte dieses über die sozialen Medien und ließ so die ganze Welt wissen, wie persönlich der Kundenservice bei TARGET sein kann. Ein Fall von echter Kundenbetreuung und Service mit Herz.

Im Zoogeschäft

Ein Kunde betritt das Zoogeschäft und geht schnurgerade auf einen Verkäufer zu.

Kunde: Ich habe bei Ihnen ein weibliches und ein männliches Kaninchen gekauft.

Verkäufer: Ja, ich erinnere mich, das war vor etwa einem Monat.

Kunde: Eben. Nun ist das Weibchen aber sehr dick geworden. Was könnte das sein?

Verkäufer: Sie wird wohl schwanger sein …

Kunde: Nee, unmöglich …

Verkäufer: Warum?

Kunde: Nee, das kann gar nicht sein. Ich trenne sie nachts immer …

Prepaid

Das Folgende ereignete sich in einem Handy – Verkaufsladen in Berlin.

Kunde: Ich hätte gerne eine Prepaid-Guthabenkarte für 15 Euro bitte.
Verkäufer holt das Ding und legt es dem Kunden vor.
Verkäufer: So, das macht dann 15 Euro.
Kunde: Kann man da preislich nicht noch was machen? ...

Die Armbanduhr

Ein Kunde erzählt, was er so alles beim Kauf einer Armbanduhr erlebt hat.

TAG Heuer Boutique irgendwo in Deutschland. Die Verkaufsberaterin war höflich und zuvorkommend. Sie sah auch recht hübsch aus, war aber leider völlig ahnungslos.
Eine MONACO mit Stahlband sollte es sein. Die gibt es nicht. Sie könnte sich aber trotzdem einmal bei einem Kollegen informieren. Der war aber leider noch nicht da. Deshalb wäre es ihrer Meinung nach die bessere Idee, dass ich, doch einmal im Katalog der Online-Seite nachsehen soll. Ich verließ kurzerhand das Geschäft.

Juwelier Friedrich, Omega Konzessionär und eines der älteren Häuser in München. Dachte bei mir, nichts wie rein, man könnte ja auch mal ne PLANET OCEAN ausprobieren. Im Geschäft durchweg mittelaltes Personal. Jede Menge grauer Schläfen und hohe Haare. Die Atmosphäre war mehr als staubig. Als dann ein junges Mädchen auf mich zu kam, Mitte 20 vielleicht, und fragte, ob sie helfen kann, dachte ich bei mir: Autsch, das kann ja lustig werden.

Und dann zieht diese Verkäuferin ein Verkaufsgespräch ab, dass ich fast vom Hocker gerutscht wäre. Die hatte alles, und ich meine wirklich alles, parat. Hat mir die Spezifikationen nur so um die Ohren gehauen. Es gab keine Frage, wo sie nicht eine Antwort gewusst hätte. Die Werke erklärt, die Unterschiede der Modelle zueinander, liquid Metal einlagen, Co-axial, frühere PO Modelle im Vergleich zu den Aktuellen. Größen empfohlen, von anderen abgeraten. Ich war schwer beeindruckt, was ich ihr zu verstehen gab. Sie freute sich sehr über mein Kompliment. Selbst trug sie auch eine PO 38 mm. Älteres Modell mit einem tollen anthrazitfarbenen Inlay.

Falls ich PLANET OCEAN kaufen sollte, die mir übrigens ausgezeichnet gefällt, dann nur dort. Dafür zahle ich gerne etwas mehr und sorge damit auch dafür, dass gutes und freundliches Fachpersonal ihre Provision bekommt. Daumen hoch.

Im Elektrofachgeschäft

Geile Erfahrung eines Kunden, wie Du und ich. Bei seinen Ausführungen geizt er nicht mit Worten.

Bin in einem riesigen Elektrofachhandel. Frag im Erdgeschoss eines zweistöckigen Hauses, nach Monozellen-Akkus. Werde in den vierten !!! Stock geschickt. Aber hallo. Nachdem ich im Obergeschoss nicht fündig wurde, fand ich die Akkus schließlich im Erdgeschoss neben der Kasse.

Ging dann in die DVD-Abteilung, und frag dort nach dem interaktiven DVD-Spiel zu „Wer wird Millionär". Der Verkäufer verweist mich an das „Special Interest" – Regal links hinten in der Ecke. Dort angekommen finde ich kein solches Regal, sondern ein mit „Anime / Japan" beschriftetes. Dort ist das gesuchte Spiel aber nicht drin.

Keinen Bock mehr, brauch aber noch CD-Rohlinge. Ich entnehme dem Regal für CD-Rohlinge eine einzelne „Hi-Space Carbon CD", die es normalerweise nur verschweißt im Zehnerpack zu kaufen gibt. Erschien mir komisch, aber hier lagen sämtliche CDs einzeln. Ich begab mich zur Kasse.

Die Verkäuferin: „ Tut mir leid, das kann ich hier nicht scannen, gehen sie wieder in den vierten!!! Stock, und fragen Sie nach dem Preis.". Ich fass es nicht, das Girl hatte immer noch nicht geschnallt, dass wir uns in einem zweistöckigen Haus befinden.

Ich: „Ok, dann lassen Sie die CD beiseite, und ich bezahle die anderen Sachen."

Verkäuferin: „ Ne, das geht so nicht. Sie müssen noch mal hoch."

Was will man machen? Ich also noch einmal ins Obergeschoss. Oben angekommen …

Verkäufer: „ Die verkaufen wir nicht einzeln, die ist aus einem Zehnerpack. Ich kann da keinen Preis ermittel, weil wir die nicht so verkaufen. Das muss die Frau an der Kasse regeln.

Also wieder zurück zur Kasse.

Kassiererin: „Da muss ich nun den Verkäufer ausrufen lassen, um das zu klären."

Tut sie dann auch. Schlange an der Kasse wird länger und länger.

Verkäufer kommt, und sagt wieder, die CD gäbe es nur im Zehnerpack zu kaufen. Schließlich nimmt er sie raus, und ich bezahle nur die anderen Sachen.

Daraufhin frage ich den Verkäufer, was der Elektrofachhandel denn nun mit der CD macht, die man ja nicht mehr verkaufen könnte.

Verkäufer: „Die kommt wieder zurück ins Regal …"

Wahrscheinlich rotiert diese CD immer noch im Elektrofachhandel herum. Andere Frage: Soll das Girl mittlerweile bemerkt haben, dass es in einem zweistöckigen Haus keinen vierten Stock gibt?

Im Callcenter

Diese Geschichte hat sich in einem Callcenter für Handys zugetragen.

Kunde: Also, in meinem Handy taucht immer mal wieder eine Wolke auf.

Techniker: Wie? Am Display erscheint also ein Fleck. Ist das Handy nass geworden?

Kunde: Nein, ich sagte Ihnen ja schon, da taucht immer wieder eine

Wolke auf. So wie wenn ein Gewitter kommt.

Techniker: Ok. Dann ist Ihr Handy wahrscheinlich irgendwann mal nass geworden. Wie alt ist es?

Kunde: Nein, es ist nicht nass geworden, und es taucht immer wieder mal eine Wolke auf. Es ist ein Jahr alt.

Techniker: Welches ist es denn?

Kunde: Das Wasserfeste. Deshalb kann es gar nichts damit zu tun haben, ob es nass geworden ist.

Techniker: Doch, denn es ist ja nur spritzwasserfest. Schicken Sie uns das Telefon rein, und wir schauen uns das Ganze einmal an.

Kunde: Wissen Sie, wenn ich mein Telefon abdrehe, dann ist die Wolke weg, und wenn ich es länger augedreht habe, kommt die Wolke wieder. Sie ist auch nicht ständig dunkel, sondern auch rosa.

Techniker: Mein Gott, guter Mann. Das ist bestimmt Ihr Bildschirmschoner fürs Display oder den Displayhintergrund.

Kunde: Ist das gefährlich?

Der Techniker brauchte noch eine geschlagene halbe Stunde, um den Kunden davon zu überzeugen, dass alles in Ordnung ist, und keine Gefahr besteht.

Makabre Retusche

In einem Bestattungsinstitut, wo man auch Emailbilder für Grabsteine herstellt.

Kundin: Ich möchte für unseren Grabstein ein Bild von meinem Vater in Email.

Verkäuferin: Normalerweise kein Problem. Aber sind Sie sicher, dass Sie ein schwarz-weißes Bild nehmen wollen, das Ihren Vater im Trachtenanzug zeigt?

Kundin: Naja, ein Portrait in Farbe wäre mir schon lieber gewesen, aber wir haben keines gefunden.

Verkäuferin: Wenn Sie wollen, können wir das Bild auch so retuschieren, dass Ihr Vater in Farbe und Anzug erscheint.

Kundin: Das wäre super.

Verkäuferin: Welche Farbe soll der Anzug haben?

Kundin: Schwarzer Anzug, weißes Hemd.

Verkäuferin: Welche Augenfarbe hatte Ihr Vater?

Kundin: Braun.

Verkäuferin: Aber der Steirerhut passt jetzt nicht mehr dazu. Sollen wir den auch wegmachen?

Kundin: Ja bitte, wenn das geht.

Verkäuferin: Welche Haarfarbe hatte Ihr Vater?

Kundin: Wenn Sie den Hut runternehmen, sehen Sie es eh…

Verkäuferin: ??????????????

Service mit persönlicher Note

Manchmal beginnt erstklassiger Kundendienst an der Führungsspitze. Eines Morgens, als Anjali Kumar, eine Managerin auf Führungsebene beim Brillenhersteller WARBY PARKER, wie üblich den Zug zur Arbeit nahm, bemerkte sie, dass ein anderer Passagier seine WARBY PARKER Brille im Zug vergessen hatte. Nicht viele Führungskräfte würden tun, was sie dann tat.

Am nächsten Tag kaufte der Kunde online genau das gleiche Brillenmodell. Zu seiner Überraschung enthielt seine Lieferung zwei Brillen, den Roman „Unterwegs" von Jack Kerouac und eine Mitteilung von Kumar, in der sie erzählte, dass sie seine Brille im Zug gefunden hatte. Da sie selbst gerne Krimis liest, nutzte sie die sozialen Medien, um herauszufinden, wer er war, damit sie ihm die neue Brille und seine alte mit neuen Gläsern zusenden konnte. (Die alten Gläser waren ziemlich zerkratzt gewesen.)

Auch diese Story fand ihren Weg in Facebook, Twitter …

Trader Joes gute Tat zu Weihnachten

Als ein älterer Mann um die Weihnachtszeit in seinem Haus eingeschneit war, rief seine besorgte Tochter bei einer Reihe von Supermärkten an, um herauszufinden, ob sie eine Bestellung zur Auslieferung aufgeben könnte. Ihr Vater müsste ausreichend mit

Lebensmitteln versorgt werden. Keiner der Supermärkte bot einen Lieferservice, auch nicht Trader Joes.

Die Kundenservicemitarbeiter bei Trader Joes sagten allerdings, sie würden in diesem Fall eine Ausnahme machen, und ihrem Vater Lebensmittel liefern. Die Mitarbeiter wählten alle Waren auf ihrer Liste aus, und fügten noch weitere hinzu, die auf die spezifischen Ernährungsbedürfnisse ihres Vaters abgestimmt waren. Zum Schluss setzten sie noch einen drauf: Sie lieferten die Lebensmittel kostenlos. Ganz im Sinne der Weihnachtsbotschaft.

Southwest Airlines

Als der Enkel eines Vielfliegers der Fluggesellschaft SOUTWEST AIRLINES vom Freund seiner Mutter fast zu Tode geprügelt wurde, rief der Vielflieger bei der Fluggesellschaft an, um ganz kurzfristig einen Flug von Los Angeles nach Denver zu buchen, damit er an der Seite seiner Tochter sein konnte, wenn die lebenserhaltenden Geräte in der darauffolgenden Nacht abgeschaltet würden.

Nachdem der Großvater bereits im Verkehr stecken geblieben war und dann auch noch an der Flughafensicherheitskontrolle aufgehalten wurde, hatte er die Hoffnung, dass er seinen Flug erreichen würde, schon so gut wie aufgegeben. Er war den Tränen nahe, da keiner der Mitarbeiter der Sicherheitskontrolle daran interessiert schien, ihn schneller abzufertigen. Er zog nicht einmal seine Schuhe an, bevor er durch den Flughafen lief, um noch rechtzeitig zum Gate zu gelangen.

Als er zwölf Minuten nach der Abflugzeit am Gate ankam, wartete zu seiner Überraschung der Pilot des Fluges selbst auf ihn. Der Pilot sagte: „Wir haben den Abflug ihretwegen verzögert und möchten Ihnen unser herzlichstes Beileid aussprechen." Als der Mann ihm danken wollte, antwortete der Pilot: „Die können ohne mich nicht abfliegen und ich wäre ohne Sie nicht abgeflogen. Sie können sich jetzt entspannen. Wir bringen Sie an ihr Ziel. Noch einmal herzliches Beileid."

Den Geheimnissen auf der Spur...

Geheim! Was ist eigentlich geheim? Laut Duden Definition: Etwas vor anderen, vor der Öffentlichkeit absichtlich verborgen halten. Es bewusst nicht bekannt geben. Etwas das nicht für andere bestimmt ist.

Bis zu diesem Zeitpunkt meiner Ratgeber, den Ersten mit eingeschlossen, habe ich euch **fast** alle meine Geheimnisse hinsichtlich des Emotional Selling verraten. Was heißt hier überhaupt Geheimnisse. Es handelte sich vornehmlich um Techniken. Ich habe versucht, auf über 250 Seiten euch mein Wissen und meine Erfahrungen im Bezug auf diese sehr moderne Verkaufstechnik zu vermitteln. Ob dies mir auch gelungen ist, ist eine andere Frage ☺.

Nichts was ich euch erzählt habe, wurde von mir erfunden. Alles wurde in der Praxis überaus erfolgreich von einer ganzen Reihe Emotional Sellers angewendet. Die Erfolge all dieser Techniken sind wissenschaftlich belegt. Die Neuropsychologie, ein Teilgebiet der klinischen Psychologie und der Neurowissenschaften, beschäftigt sich schon seit geraumer Zeit mit dem Thema.

Bereits kurz vor der Jahrtausendwende (1995) entdeckte man die sogenannten „Spiegelneuronen". Sie bewegen den Menschen dazu, beim Deuten der Körpersprache seines Gegenübers, dessen Emotionen nachvollziehen zu können. Im Bezug auf den Verkauf hat man festgestellt, dass Kunden sich hier meistens eher von eigenen Emotionen leiten lassen, als von technischen Details zum Produkt oder der Dienstleistung. Anhand unzähliger Tests konnte man auch erkennen, dass das menschliche Unterbewusstsein meistens überfordert ist, wenn zu viele Informationen fast gleichzeitig einströmen. Aus diesem Grunde empfehlen die Psychologen auch immer wieder, dass der Mensch am ehesten visuell zu erreichen ist. (Bilder im Kopf entstehen lassen …) Auf mehrerer solchen wissenschaftlichen Entdeckungen basiert das Emotional Selling.

Noch einmal recht deutlich und zum Mitschreiben: Liebe Kritiker, mit Manipulation des Kunden hat dies aber auch rein gar nichts zu tun.
Ziel unserer Verkaufstechnik ist immer ein zufriedener Kunde, der kauft, was auch wirklich wichtig für ihn ist, und der mit uns und unserer Arbeit derart zufrieden ist, dass er, jederzeit gerne, wiederkommt.

Emotional Selling in der Zusammenfassung.

Wer von euch beide Ratgeber gelesen hat, dem sind mit Sicherheit meine ständigen Anspielungen auf „FROLIC" aufgefallen. Natürlich habe ich mir etwas ganz Spezielles dabei gedacht.

Wie (fast) jeder weiß, ist Frolic eine Hundefutter-Marke. Es gibt sie bereits seit fast 100 Jahren. Die Marke Frolic hat sich einen Namen gemacht. Was taucht, bei dem Gedanken an diesen Namen, vor eurem geistigen Auge auf: Hund … Futter … kreisrund mit einem Loch in der Mitte. Und das sind? Richtig: BILDER. Der Name Frolic lässt bei den meisten von uns Bilder im Kopf entstehen. Wir haben eine Marke und bekommen sofort die nötigen Bilder dazu. (OK, ich gebe zu, noch etwas anderes mit meinen Frolic-Äußerungen bezweckt zu haben. Ich wollte euch ab und zu aus der Lethargie des Lernens herausholen, und Emotionen wecken. Ich hoffe, dass diese Momente wenigstens manchmal ein Lächeln in euer Gesicht gezaubert haben. (lächeln = Emotion .... yessssssssssssss))

Zurück zur MARKE. Im Emotional Selling muss der Verkäufer zur Marke werden. Der Kunde wird zuerst ihn kaufen, und dann erst das Produkt oder die angebotene Dienstleistung.

Frolic –Freunde aufgepasst, dieses Wortspiel hat nichts mit Bestechungsgeldern oder Ähnlichem zu tun!!! ☺ Yep, der Kunde kauft natürlich nicht den Verkäufer in echt ... tsssss ...

In diesem Sinne fassen wir noch einmal kurz zusammen, was Emotional Selling ausmacht, und was die Schlüsselpunkte sind, die aus uns Verkäufern einen Emotional Seller machen. Kurzum, auf was kommt es an? Welches sind die entscheidenden Momente während eines Kundengespräches? Wie muss ein Emotional Seller vorgehen, um erfolgreich zu sein:

a.) Das Interesse des Kunden an unserer Person wecken

b.) Den Kunden „kennenlernen"

c.) Emotionen wecken

d.) Auf die Wünsche des Kunden eingehen

e.) Längerfristige Kundenbeziehung erzielen

a.) Das Interesse des Kunden an unserer Person wecken.

Wenn wir uns nicht selbst verkaufen können, haben wir in diesem Beruf nichts verloren! Dabei gilt es, in jedem Fall, immer **authentisch** zu bleiben. Unser Gegenüber erkennt sofort, wenn wir uns verstellen, ihm etwas vormachen, ein Spiel mit ihm spielen.

Wir dürfen nichts unversucht lassen, wenn es darum geht, das Interesse unseres jeweiligen Kunden an uns selbst zu wecken. Dies baut Vertrauen auf, und wird dem Kunden bei seiner Kaufentscheidung eine wesentliche Hilfe sein.

b.) Den Kunden" kennenlernen".

Wir haben gesehen, dass man im Verkauf zwischen verschiedenen **Kundentypen** unterscheiden muss. Wenn es uns gelingt, unseren Gesprächspartner kennenzulernen, seih dies durch sein Verhalten, seine **Körpersprache** oder seine Aussagen, gibt dies uns die Möglichkeit, optimal ins Verkaufsgespräch einzusteigen.

c.) Emotionen wecken.

Es ist längst erwiesen, dass der Kunde keine Argumente kaufen wird. Er will Sicherheit, Spaß, Lust auf etwas, Freude, Vergnügen und Ähnliches mehr. Auf keinen Fall will er Risiko, Schmerz, Frust auf etwas, Langeweile. Wie erzeugen wir bei ihm die positiven Gefühle? Richtig, durch Emotionen. Wie machen wir das? Auch richtig, wir erzeugen positive Bilder in seinem Kopf. Womit tun wir das? Genau, mithilfe jener Werkzeuge, die wir kennengelernt haben, als da wären: **Story Telling**, **Powerfragen** und **Schlagfertigkeit.** Zum richtigen Zeitpunkt angewendet, wird auch ein **Elevator Pitch** diese Emotionen wecken können.

d.) Auf die Wünsche des Kunden eingehen.

Dies, und auch das haben wir gelernt, gelingt uns durch **Empathie** und **Aktives Zuhören.** Wir vermitteln dem Kunden, dass wir ihn sehr genau verstehen, und ihm helfen wollen, gemeinsam das Produkt zu finden, was letztendlich für ihn das Beste ist.

e.) Längerfristige Kundenbindung erzielen.

Gelingt es uns, mittels der vorangegangenen 4 Punkte (a, b, c, d) den Abschluss festzumachen, müsste es uns verhältnismäßig einfach fallen, dem Kunden eine längerfristige „Zusammenarbeit" anzubieten. Ist er von uns und unserem Produkt, oder Dienstleistung, überzeugt, wird er wiederkommen. Keine Frage.

Ein kleines Geheimnis im Bezug auf Emotional Selling hätte ich dann doch noch. Ich will es einmal als eine Technik bezeichnen, die ich in all den Jahren weiterentwickelt habe, und die letztendlich der eigentliche Garant meines beruflichen Erfolges als Verkäufer war und immer noch ist. Sie funktioniert in perfekter Harmonie zu den Werkzeugen des Emotional Sellers, welche Ihr in meinen beiden Ratgebern bereits kennengelernt habt. Ich habe dieser Technik auch einen Namen gegeben: MAGIC MOMENTS.

Diese Technik verhilft mir:
- Meine ganz persönliche „Marke" als Emotional Seller dem Kunden erfolgreich rüberzubringen,
- Kundengespräche, die etwas aus dem Ruder laufen, will heißen, die nicht in die Richtung gehen, die ich mir vorgestellt habe, wieder in die gewünschte Bahn zu leiten,
- Kundengespräche, die etwas festgefahren sind, wieder in Gang zu bringen,
- während eines Kundengespräches, im richtigen Moment, den Abschluss festzumachen,
- den Kunden auf ganz spezielle Weise davon zu überzeugen, längerfristig mit mir zu arbeiten.

Sie ist die eigentliche Krönung meiner Arbeit als Verkäufer. Wegen dieser Technik macht mir mein Beruf, wie es der Poptitan Dieter Bohlen sagen würde, „hammermäßig" Spaß.

„MAGIC MOMENTS" setzt sich aus mehreren, verschiedenen Zutaten zusammen. Um dieses Werkzeug optimal einsetzen zu können, bedarf es einer idealen Zusammensetzung dieser Ingredienzien. Wenn Ihr daran interessiert seit, das letzte Puzzleteil zum erfolgreichen Emotional Seller kennenzulernen, muss ich euch leider auf meinen dritten Ratgeber verweisen. Warum das denn? … Ganz einfach: Ich wollte euch zunächst mit all den Werkzeugen vertraut machen, die Emotional Seller tagtäglich in ihrem Beruf benutzen. Erst wenn Ihr die bestens beherrscht, werdet Ihr auch in der Lage sein, „MAGIC MOMENTS" in euer Verkaufsgespräch mit einfließen zu lassen.

Ich widme daher dieser ganz speziellen Technik, einen kompletten Ratgeber. Dort könnt Ihr dann erfahren, aus was sie sich zusammensetzt und wie sie funktionieren soll. An dieser Stelle seih nur soviel verraten, dass zu den Zutaten unter anderem gehören: Unterbewusstsein, Humor und Neuropsychologie. Anhand zahlreicher Kundengespräche werdet Ihr dann die Geheimnisse dieser Technik ergründen können. „MAGIC MOMENTS" sind der ultimative Schlüssel zum Erfolg. Das verspreche ich euch. Ich bin es gewohnt, meine Versprechen auch zu halten. Hand drauf.

Nachwort

Damit wären wir am Ende meines zweiten Ratgebers in Sachen „Emotional Selling" angekommen. Ihr habt nun das nötige Rüstzeug, euch diese sehr moderne Verkaufstechnik einzuverleiben. Tägliches Training und die ständige Anwendung in der Praxis der verschiedenen Werkzeuge werden es euch erlauben, in recht kurzer Zeit eure Verkaufserfolge deutlich zu steigern.

Vor allem aber werdet Ihr schnell merken, wie Ihr den Spaß an diesem Beruf, der in letzter Zeit vielleicht das ein oder andere Mal auf der Strecke blieb, zurückgewinnen werdet. Jemand der mit Spaß an der Freude arbeitet, dem ist ja bekanntlich der Erfolg garantiert.

Und es werden, nicht zuletzt eure Kunden sein, die sich über euer neues, frisches vielleicht auch „freches" Auftreten wundern und sich dafür bedanken werden.

Vor dem Erfolg steht aber meist die Arbeit. Also lernt und übt täglich. Im Laufe der Zeit wird euch das Emotional Selling ins Blut übergehen. Lasst Bilder in den Köpfen eurer Kunden entstehen. Weckt Emotionen. Bleibt dabei authentisch. Bleibt immer Mensch.

Ich habe im letzten Kapitel dieses Ratgebers die „MAGIC MOMENTS" angesprochen. Das letzte Werkzeug, welches Ihr benötigt, um in meinen Augen zum Top Emotional Seller zu werden. In meinem vorerst letzten Ratgeber zum Thema werde ich im Detail auf diese „MAGIC MOMENTS" zu sprechen kommen. Sie sind spektakulär, vielleicht nicht jedermanns Sache, aber spannend und magisch allemal.

Deshalb würde es mich sehr freuen, euch auch bei meinem dritten Ratgeber begrüßen zu dürfen. Wenn es dann heißen wird:

Der ultimative Verkaufsratgeber:
    EMOTIONAL SELLING and his „MAGIC MOMENTS"

Ich wünsche euch bis dahin, tausend tolle Verkaufsgespräche und jede Menge Erfolg in eurem Beruf.

    Euer Oliver Heckar
    22.11.2015

Bereits erschienen:

Emotional Selling: So geil kann "Verkaufen" sein...

Oliver Heckar

RATGEBER - VERKAUF. Dieser Ratgeber wendet sich in erster Linie an Verkäufer, egal welcher Branche. Vom Anfänger bis hin zum Profi. Der Autor, über 25 Jahren im „Verkauf" tätig, erklärt leicht verständlich, die zurzeit erfolgreichste Verkaufstechnik, das „Emotional Selling". Theoretisches Wissen, ohne geht leider nicht, gepaart mit vielen Beispielen aus der täglichen Praxis, dienen als Einstieg in die Welt des zwischenmenschlichen Verkaufens. Das Buch gewährt Einblick in modernste Verkaufsmethoden. Reale Kundengespräche, eine Menge Tipps und Ratschläge werden es dem Interessierten ermöglichen, selbst ein erfolgreicher „Emotional-Seller" zu werden. Verkaufen mit Erfolgsgarantie ... Oliver Heckar zeigt im Detail, wie die Verkaufstechnik „Emotional Selling" funktioniert. Praxisbezogen erläutert er das nötige Fachwissen. Das Buch spricht aber nicht nur Verkäufer an, sondern bietet auch sehr viel Interessantes für jedermann. Beispielsweise wird erklärt, woran man erkennen kann, dass jemand lügt. Körpersprache, Schlagfertigkeit, aktives Zuhören und Powerfragen sind nur einige der behandelten Themen. INHALTSVERZEICHNIS Vorwort Kapitel 1. Der Job des Verkäufers im Laufe der Zeit (1945 – heute) Kapitel 2. Das Kundengespräch Australische Weine Kapitel 3. Das Trainingscamp Schlagfertigkeit Aktives Zuhören Körpersprache Story Telling Empathie Powerfragen Kapitel 4. Die Tricks der Top-Verkäufer Kapitel 5. Frage-Antwortspiel Auf ein Wort zum Schluss ... Jeder Verkäufer, der sich intensiv mit diesem Ratgeber beschäftigt, wird schon nach relativ kurzer Zeit bemerken, wie sich erste Erfolge einstellen. Oliver Heckar arbeitet mit dieser Verkaufstechnik tagtäglich. Er ist ungemein erfolgreich in seinem Beruf als Bankkaufmann. Oliver ist sich sicher, dass auch seine Leser am Ende der Lektüre sagen werden: Tatsächlich ..., so geil kann "Verkaufen" sein ...

Von Null auf Bestseller. **Den Traum vom eigenen Buch verwirklichen! Der ultimative Ratgeber für alle, die vom gewöhnlichen Schreiberling zum Bestsellerautor aufsteigen möchten. Oliver Heckar, selbst erfolgreicher E-Book Autor, gibt wertvolle Tipps auf dem Weg von der Idee ein Buch schreiben zu wollen, bis hin zu dem unvergesslichen Moment, das eigene Werk in Händen zu halten. Sein Ratgeber ist leicht verständlich und zugleich praxisbezogen. Es wird, Schritt für Schritt erklärt, wie das Selbstverlegen funktioniert. Dies ermöglicht jedem, sein Werk bei CreateSpace, einer Tochtergesellschaft von Amazon, hochzuladen ja sogar zu verkaufen. Oliver Heckar verrät, wie**

man Top-Buchbeschreibungstexte anfertigt, die besten Keywords findet, und bei Amazon, in den verschiedenen Rankings, vordere Plätze belegen kann. Tipps, wie Autoren eigentlich ticken, man erfolgreiches Marketing praktiziert, sowie Erklärungen zu den neuesten Softwareprogrammen für Schriftsteller, runden das Thema ab. Oliver Heckar's Masterplan beschreibt alle Werkzeuge, die nötig sind, um in Eigenregie ein erfolgreiches Buch zu schreiben, und damit auch noch Geld zu verdienen. Ein absolutes Muss für jeden Self-Publisher!

Beide Titel von OLIVER HECKAR:

EMOTIONAL SELLING, so geil kann verkaufen sein
VON NULL AUF BESTSELLER Der Traum vom eigenen Buch.

kann an über AMAZON beziehen. Dies sowohl als E-Book wie auch als Taschenbuch.

Viel Spaß beim Lesen.